1640-Vs

D1728527

VYŘAZENO

Schüler/Albach · Neuere Unternehmenstheorie

Wolfgang Schüler/Horst Albach (Hrsg.)

Neuere Unternehmenstheorie

Informationsmonopole – Risikomanagement –
Hierarchische Planung

Prof. Dr. Wolfgang Schüler ist Professor der Betriebswirtschaftslehre an der Universität Bielefeld.

Prof. Dr. Dr. h.c. mult. Horst Albach ist Professor für Allgemeine Betriebswirtschaftslehre und Direktor am Wissenschaftszentrum Berlin. Er ist Schriftleiter der Zeitschrift für Betriebswirtschaft (ZfB).

Die Deutsche Bibliothek – CIP-Einheitsaufnahme

Neuere Unternehmenstheorie : Informationsmonopole – Risikomanagement – Hierarchische Planung / Wolfgang Schüler / Horst Albach. – Wiesbaden : Gabler, 1993
  ISBN 3-409-13674-6
NE: Schüler, Wolfgang / Albach, Horst [Hrsg.]

Die Beiträge dieses Buches wurden vorab in Heft 10/1992 der Zeitschrift für Betriebswirtschaft (ZfB) veröffentlicht.

Der Gabler Verlag ist ein Unternehmen der Verlagsgruppe Bertelsmann International.

© Betriebswirtschaftlicher Verlag Dr. Th. Gabler GmbH, Wiesbaden 1993
Lektorat: Gudrun Böhler

Höchste inhaltliche und technische Qualität unserer Produkte ist unser Ziel. Bei der Produktion und Auslieferung unserer Bücher wollen wir die Umwelt schonen: Dieses Buch ist auf säurefreiem und chlorfrei gebleichtem Papier gedruckt. Die Einschweißfolie Polyäthylen besteht aus organischen Grundstoffen, die weder bei der Herstellung noch bei der Verbrennung Schadstoffe freisetzen.

Die Wiedergabe von Gebrauchsnamen, Handelsnamen, Warenbezeichnungen usw. in diesem Werk berechtigt auch ohne besondere Kennzeichnung nicht zu der Annahme, daß solche Namen im Sinne der Warenzeichen- und Markenschutz-Gesetzgebung als frei zu betrachten wären und daher von jedermann benutzt werden dürften.

Satz, Druck und Buchbinder: Konrad Triltsch GmbH, Würzburg
Printed in Germany

ISBN 3-409-13674-6

Vorwort

Am 25. September 1991 verlieh die Fakultät für Wirtschaftswissenschaften der Universität Bielefeld Professor Dr. Horst Albach die Ehrendoktorwürde. Aus diesem Anlaß fanden ein Festakt und ein wissenschaftliches Kolloquium statt. Die Beiträge zu diesen Veranstaltungen sind in dem vorliegenden Band zusammengefaßt. Es handelt sich um Arbeiten, die exemplarische Fragen der neueren Unternehmenstheorie behandeln, implizit an verschiedenen Stellen auch um Rückblicke auf deren Entwicklung. Insofern dürften sie in dieser Zusammenfassung besonders für denjenigen, der an der Betriebswirtschaftslehre insgesamt Anteil nimmt und sich noch nicht auf eines ihrer Spezialgebiete zurückgezogen hat, interessant sein – wenngleich natürlich auch das Spezialinteresse jeweils zu seinem Recht kommt.

Institutionentheoretische Überlegungen beanspruchen in jüngerer Zeit zunehmende Beachtung auch in der Unternehmenstheorie. Der Festvortrag von *Gerhard Fels* greift daraus einen im Hinblick auf die Entwicklungen im Osten Deutschlands und Europas besonders aktuellen Aspekt auf. Er vertritt die These, daß der Erfolg eines marktwirtschaftlichen Systems sachlich zwingend an eine private Eigentumsordnung geknüpft sei, denn erst diese helfe, Transaktionskosten zu minimieren und den notwendigen Freiheitsraum für wirtschaftliche Betätigung zu schaffen. Man kann diesen Artikel wohl auch als einen Hinweis auf Probleme lesen, denen nach Ansicht des Verfassers im politischen Prozeß keine genügend große Aufmerksamkeit gewidmet wird.

Der Beitrag, mit dem sich *Horst Albach* bedankt, handelt vom angeblichen Informationsmonopol von Fachzeitschriften, das der Direktor einer Universitätsbibliothek aus der Preispolitik eines Verlages meinte ablesen zu können. Die wettbewerbstheoretischen Probleme der Abgrenzung des relevanten Marktes, der Bestimmung der Marktmacht eines Anbieters und der Preisbildung auf unvollständigen Oligopolmärkten werden erörtert. Dem Leser wird hier nicht nur die vielfach bewährte Analysetechnik Albachs für solche Fragestellungen an einem zum gegebenen Anlaß besonders passenden Beispiel vorgeführt, ihm können auch die kenntnisreichen Anmerkungen zum Marktverhalten von publizierenden Forschern, Herausgebern, Verlagen und Universitätsbibliotheken Freude machen.

Das eigentliche Kolloquium eröffnet *Lutz Hildebrandt* mit einem Bericht über Ergebnisse empirischer Erfolgsfaktorenforschung auf der Basis der PIMS-Datenbank. Den gern unterstellten direkten Zusammenhang zwischen Marktanteil und Rentabilität (RoI) hinterfragt er mit Konzeption und Test eines Kausalmodells, das auch die relative Produktqualität sowie den relativen Preis, die relativen Kosten und weitere Einflußgrößen einbezieht. Eine positive Wirkung der Produktqualität auf den Marktanteil und dessen wiederum auf die Rentabilität wird festgestellt, wobei freilich die „moderierende Wirkung" der Kontrollvariablen eine große Rolle spielt.

Grundlegende Ideen des Risikomanagements überträgt *Karl Inderfurth* aus den Portefeuillekonzepten der Investitionstheorie auf die Produktionslogistik. Er geht davon aus, daß der Renditeerwartung dort die zu erwartenden Lagerhaltungskosten hier, der Renditestreuung dort der Kundenservicegrad hier entsprechen und leitet aus dieser Analogie Schlußfolgerungen für effiziente Sicherheitsbestände in den Lägern des Produktionssystems her.

Unmittelbaren Bezug auf die Arbeiten Albachs nimmt *Alfred Luhmer,* indem er die Idee der Synthetischen Bilanz aufgreift, bestehende Kritik an ihr widerlegt und sie als Konzept auch für das interne Rechnungswesen weiterentwickelt. Luhmer interpretiert dieses Konzept als eine „Modifikation des ökonomischen Gewinns"; die Synthetische Bilanz wird so auch als Ausgangspunkt für eine Theorie des Controlling nutzbar.

Mit komplexen Planungsproblemen im Produktionsbereich befaßt sich *Klaus-Peter Kistner.* Ihrer theoretisch optimalen simultanen Lösung stehen vielfältige praktische Schwierigkeiten, darunter nicht zuletzt die organisatorischen Abgrenzungen von Verantwortungsbereichen entgegen. Einen Ausweg bietet das Konzept der hierarchischen Planung; der Beitrag diskutiert Koordinationsmechanismen in diesem Rahmen.

In seinen „Comments" nimmt *Horst Albach* zu den Beiträgen des Kolloquiums Stellung. Der Reiz dieser Kommentierung liegt nicht zuletzt in dem Brückenschlag, den Albach zu jeweils eigenen Studien und Ideen herstellt; mehr als dreißig Jahre von ihm maßgeblich geprägter betriebswirtschaftlicher Forschung läßt er so Revue passieren; wichtige Entwicklungslinien über den gegenwärtigen Stand hinaus werden deutlich.

Diese Beiträge sind bereits in Heft 10 des 62. Jahrgangs der Zeitschrift für Betriebswirtschaft (1992) publiziert worden. Ergänzt werden sie im vorliegenden Band um die Laudatio, die dort verständlicherweise nicht erscheinen konnte. Dem Verlag ist dafür zu danken, daß er mit diesem Band einem an der Unternehmenstheorie und ihrer Entwicklung interessierten Leserkreis die Gelegenheit gibt, sich in komprimierter Form über wichtige Aspekte dieser Entwicklung zu unterrichten.

WOLFGANG SCHÜLER

Inhaltsverzeichnis

Neuerungen der Unternehmenstheorie in allen Bereichen

Laudatio auf Horst Albach

Die Aufgabe, eine Laudatio auf Horst Albach zu halten, ist ehrenvoll, aber nicht ganz leicht zu absolvieren. Jaakko Honko hat die damit verbundenen Schwierigkeiten bei der Feier zum 60. Geburtstag von Horst Albach sehr treffend so formuliert: Normalerweise befassen sich Ökonomen mit Problemen des Mangels; wer sich dagegen mit Werk und Aktivitäten Horst Albachs befaßt, hat es mit einem Problem der Fülle zu tun.

Man sollte daher an dieser Stelle keine detaillierte Darstellung erwarten; ich muß mich vielmehr auf das Nachzeichnen einiger Umrisse beschränken.

Eine recht scharfe Kontur, die sich dabei aus meiner Sicht ergibt, sei in einem Satz zusammengefaßt: Wo Horst Albach steht, wo immer er in den letzten mehr als dreißig Jahren stand, dort war und ist die vorderste Linie betriebswirtschaftlicher Forschung; und er hat diese Linie in vielen Abschnitten um einiges voran getrieben.

I.

Dieses Vornestehen, das frühe Erreichen wichtiger Stationen gilt natürlich auch für den beruflichen Lebensweg.

Horst Albach wurde nach der Habilitation für das Fach Betriebswirtschaftslehre im Jahr 1960 an der Universität zu Köln und nach Lehrstuhlvertretungen in Graz und Kiel im Jahre 1961 – mit gerade dreißig Jahren! – zum ordentlichen Professor für Betriebswirtschaftslehre an der Rheinischen Friedrich-Wilhelms-Universität Bonn berufen.

Eine äußerst produktive Tätigkeit in Forschung und Lehre trug ihm schnell hohes Ansehen in Wissenschaft und Praxis und in dessen Konsequenz zahlreiche Gutachter- und Beratungsfunktionen sowie die Berufung in Kommissionen und Wissenschaftliche Beiräte ein.

Die markantesten dieser Aufgaben waren wohl der Aufbau des Universitätsseminars der Wirtschaft als erster Vorsitzender des Geschäftsführenden USW-Vorstands (1968–1971), die Mitgliedschaft im Sachverständigenrat zur Begutachtung der gesamtwirtschaftlichen Entwicklung (1978–1983), weiter der Vorsitz des Vorstandes des Instituts für Mittelstandsforschung in Bonn (1982–1987) und schließlich die Präsidentschaft der Akademie der Wissenschaften zu Berlin (1987–1990).

Rufe nach Graz, Münster, Karlsruhe und Brüssel lehnte er ab; für die Mitwirkung am Aufbau der Wissenschaftlichen Hochschule für Unternehmensführung in Koblenz auf einen ad personam eingerichteten Stiftungslehrstuhl für Unternehmenspolitik wurde er von 1987 bis 1989 in Bonn beurlaubt. Seit Dezember 1990 vertritt er das Fach an der Freien Universität Berlin und nimmt seit 1991 gleichzeitig eine Direktorenfunktion am Wissenschaftszentrum Berlin war, dem er zuvor bereits als Vorsitzender des Wissenschaftlichen Beirates (1984–1988) sowie als Forschungsprofessor (1987–1990) verbunden war.

Mit der Ehrendoktorwürde ist Horst Albach bereits durch die Hochschulen für Ökonomie in Stockholm und Helsinki (1973 bzw. 1976) sowie durch die entsprechenden Fakultäten der Universitäten in Graz und Kiel (1985 bzw. 1986) ausgezeichnet worden.

Eine derartige Ehrung durch die Fakultät für Wirtschaftswissenschaften der Universität Bielefeld würdigt fachliche Verdienste auf Wissenschaftsgebieten, die dieser Fakultät besonders wichtig sind, sie würdigt ein wirkungsvolles Engagement im Bereich des Wissenschaftsmanagements und der Vertretung des Faches in der Öffentlichkeit, sowie schließlich auch persönliche Verdienste um diese Fakultät.

II.

Horst Albach kann als der Wegbereiter einer quantitativ orientierten Betriebswirtschaftslehre in Deutschland bezeichnet werden; insbesondere mit seinen frühen Arbeiten hat er einer „Mathematisierung" Bahn gebrochen, die seinem solche Sichtweise fördernden Lehrer Erich Gutenberg noch schlimme Vorwürfe eintrug, heute aber nahezu selbstverständlich geworden ist. Albachs umfangreiches Werk befaßt sich mit praktisch allen Teilgebieten der Betriebswirtschaftslehre; im Interesse der Fortentwicklung einer Allgemeinen, trotz fortschreitender Spezialisierung den inneren Zusammenhang wahrenden Betriebswirtschaftslehre hat er sich jedoch von keinem dieser Spezialgebiete vereinnahmen lassen. Hier sei das Augenmerk auf fünf Aspekte gelenkt.

1. Theorie der Investitionsentscheidung

Mit seinen frühen Büchern über „Wirtschaftlichkeitsrechnung bei unsicheren Erwartungen" und „Investitionen und Liquidität" (aus den Jahren 1959 bzw. 1962) analysierte Albach Investitionsentscheidungen unter Ungewißheit und unter simultaner Berücksichtigung wesentlicher Restriktionen wie etwa der Aufrechterhaltung der Liquidität und der Beachtung von Marktbedingungen. Heute wird ein solcher Ansatz für nahezu selbstverständlich gehalten, aber vor dreißig Jahren war Horst Albach einer der ersten Autoren überhaupt, der ein Investitionsproblem in die Struktur eines Linearen Programms brachte. Später setzte er diese Forschungsrichtung mit Büchern über „Steuersystem und unternehmerische Investitionspolitik" (1970 erschienen) sowie „Rentabilität und Sicherheit als Kriterien betrieblicher Investitionsentscheidungen" (aus dem Jahre 1975) fort.

2. Produktionstheorie und Produktionsplanung

Hier hat Horst Albach in ähnlicher Weise wie im Investitionsbereich als einer der ersten Betriebswirte quantitative Modelle des betrieblichen Produktionssystems geschaffen und als Basis für die Analyse theoretischer wie auch praktischer Fragen eingesetzt. Sein Beitrag über „Produktionsplanung auf der Grundlage technischer Verbrauchsfunktionen" (1962 erschienen) gehörte zu den Pionierarbeiten auf diesem Gebiet, eine intensive und bis in die Gegenwart fortwirkende Diskussion über die Kombination der Anpassungsformen wurde damals angestoßen. Seine Arbeit „Zur Verbindung von Produktions- und Investitionstheorie" (ebenfalls aus 1962) wendete erstmals das Konzept der Faktoreinsatzfunktion auf Potentialfaktoren an. Unter Planungsaspekten wurde diese Verbindung

X

in verschiedenen Anwendungen untersucht, so z. B. in der Studie „Long-range Planning in Open-Pit Mining", die – 1966/67 in Management Science erschienen – internationale Aufmerksamkeit erregte. Die grundsätzliche Bedeutung dieser produktionstheoretischen Aspekte wurde 1981 in dem Artikel „The Nature of the Firm – A Production-Theoretical View" herausgearbeitet. Sie behalten für den Betriebswirt, der die betriebliche Produktivitätsbeziehung als die Basiseinheit der wissenschaftlichen Analyse des Betriebes versteht, nach wie vor zentrale Relevanz.

3. Theorie und empirische Analyse des Unternehmenswachstums

Schon 1965 konzipierte und testete Albach quantitative Modelle des Unternehmenswachstums. 1976 identifizierte er, von Cliffords Überlegungen zur „threshold company" angeregt, „Kritische Wachstumsschwellen in der Unternehmensentwicklung" auf empirischem Wege. Das „Bonner Modell der Firmenentwicklung", ein Gesamtmodell des Unternehmens auf wachstumstheoretischer Basis, das von der These einer Partialoptimierung in den einzelnen Unternehmensbereichen und der Koordination in einem rekursiven Prozeß ausgeht, entstand in diesem Zusammenhang.

In gekonnter Weise benutzt Albach bis heute die empirische Forschung als eine Quelle der Einsicht; man vergleiche dazu als wenige Beispiele für viele die Artikel über „Investitionspolitik erfolgreicher Unternehmen" (1987) oder „Quellen, Zeiten und Kosten von Innovationen" (mit Koautoren, 1991). Die Wachstumstheorie des Unternehmens ist bis heute sein Steckenpferd geblieben.

4. Strategische Planung und Wettbewerbstheorie

Eine beträchtliche Zahl von Büchern und Artikeln Albachs behandelt diese Gebiete – von Prognoseproblemen (man denke an die Arbeit über „Die Prognose im Rahmen unternehmerischer Entscheidungen" aus 1962) bis hin zu Fragen etwa der strategischen Planung bei wachsender Unsicherheit. Eine große Zahl dieser Arbeiten wurde in dem Band „Beiträge zur Unternehmensplanung" zusammengefaßt, der mehrere Auflagen erlebt.

Vor allem aber hat ihn das Verhältnis der Unternehmensstrategie zu dem auf einer veralteten Theorie fußenden Wettbewerbsrecht beschäftigt. Hier wurde er in Streitfragen zwischen Kartellamt und pharmazeutischer Industrie über das Problem der Messung von Marktmacht und ihres Mißbrauchs als Gutachter tätig und lieferte Entscheidungshilfen auf der Bais einer simultanen Schätzung von Angebots- und Nachfragefunktionen im Polyamid-Markt. Das Buch „Als-Ob-Konzept und zeitlicher Vergleichsmarkt" aus dem Jahre 1976 berichtet darüber.

5. Organisations- und Entscheidungstheorie

Ein weiteres Interessengebiet, dem Albach über drei Jahrzehnte hinweg kontinuierlich Aufmerksamkeit widmete, ist das der Organisations- und Entscheidungstheorie. Sein erster Beitrag zu diesem Gebiet, der Artikel „Zur Theorie der Unternehmensorganisation" (1959), führte informations- und entscheidungstheoretisches Denken in die Analyse von Organisationsproblemen ein; zu jener Zeit war auch dies in Deutschland eine Pioniertat. 1967 publizierte er eine zunächst zum Verein für Socialpolitik vorge-tragene und später oft zitierte Studie über „Die Koordination der Planung im Groß-unternehmen". Ein wichtiger Beitrag zur Theorie der Verrechnungspreise war der 1974 veröffentlichte Aufsatz „Innerbetriebliche Lenkpreise als Instrument dezentraler Unter-nehmensführung", in dem Albach zeigte, daß der Verrechnungspreis um ein „organisa-tionspolitisches Instrumentarium (bestehend aus Informations-, Motivations- und Kon-trollinstrumenten) ergänzt werden müsse, damit er die ihm neben vielen anderen Aufga-ben zugeordnete Steuerungsfunktion wahrnehmen könne. Ein neuerer Beitrag ist das 1989 mit Koautoren publizierte Buch „Organisation", in dem der mögliche Beitrag des Transaktionskostenkonzeptes zur Organisationstheorie systematisch analysiert wird.

Ich betone noch einmal, daß dieser Überblick nur einige wesentliche Arbeitsgebiete herausgreifen und repräsentative Arbeiten ansprechen konnte. Manche Felder wie etwa das der Beziehungen zwischen Recht und Wirtschaft sind unerwähnt geblieben, die genannten Titel stellen nur eine verschwindend kleine Auswahl aus den inzwischen mehr als vierhundert Publikationen dar.

III.

Dem Wissenschaftsmanagement hat sich Albach in einer Reihe von Ämtern und Funk-tionen mit großem Einsatz und Erfolg gewidmet. Er war Vorsitzender bzw. stellvertreten-der Vorsitzender verschiedener Wissenschaftlicher Gesellschaften (wie der Deutschen Gesellschaft für Unternehmensforschung, des Vereins für Socialpolitik, des Verbandes der Hochschullehrer für Betriebswirtschaft) sowie Mitglied des Wissenschaftsrates (1974–1977) und Vorsitzender des Science Council of the European Institute for Ad-vanced Studies in Management, Brüssel (1974–1984).

Als verantwortlicher Herausgeber der Zeitschrift für Betriebswirtschaft wirkt er seit 1979 an entscheidender Stelle an der Entwicklung des Faches in Deutschland mit. Den Herausgebergremien einer Reihe weiterer Fachjournale, darunter denen von „Long Range Planning" (1967–1983), „The German Economic Review" (1963–1977) und „Management Science" (1970–1980) hat er (über viele Jahre hinweg) angehört.

Damit ist auch Albachs Wirken im Bereich der internationalen Kooperation der Wissenschaft angesprochen. Das hier gewonnene Ansehen kommt in Berufungen unter anderem zum Auswärtigen Mitglied der Königlich-Schwedischen Akademie der Wissen-schaften (1989), der Finnischen Akademie der Wissenschaften (1990), der Academia Italiana di Economia Aziendale (1990), sowie der Europäischen Akademie der Wissen-schaften (1991) zum Ausdruck.

Als sehr fruchtbar muß auch sein Bemühen um Wirksamwerden und Ausstrahlung der Theorie in die Praxis hinein bezeichnet werden, wie es z.B. in dem eingangs erwähnten Engagement beim Universitätsseminar der Wirtschaft, aber auch in anderen Aktivitäten wie etwa der Mitgliedschaft in verschiedenen Aufsichtsräten, deutlich wird.

IV.

Wer diese auch in der knappen Auswahl noch beinahe endlos erscheinende Aufzählung von Aktivitäten hört, mag sich fragen, wie ein einzelner solches schaffen kann, selbst wenn er mit außergewöhnlichen Fähigkeiten und Fertigkeiten gerüstet ist.

Die Erklärung dafür liegt nicht nur in einer Reihe bemerkenswerter Albachscher Arbeitstechniken; sie liegt vielmehr darin, daß es doch nicht richtig wäre, hier nur von einem einzelnen zu sprechen. Sie, verehrte Frau Albach, haben einen ganz entscheidenden Anteil an den Leistungen, von denen hier die Rede ist – und dies keineswegs nur in dem Sinn, daß Sie und die Kinder das häusliche Ambiente schaffen, sozusagen die Ressourcen bereitstellen, die es Ihrem Mann erlauben, immer wieder neue Kraft zu schöpfen – was allein schon wichtig genug wäre. Nein, Sie wirken ganz entscheidend im zentralen Produktionsprozeß mit: zumeist in der Steuerung, mitunter aber auch in der Fertigung, wie der von Ihnen beiden gemeinsam verfaßte Band über „Das Unternehmen als Institution" zeigt. Jedenfalls weiß jeder, der ihr Haus kennt, daß die Atmosphäre, für die Sie dort sorgen, ein ganz selbstverständliches Nebenprodukt ist.

Nur in einer Hinsicht, nämlich bei dem Wunsch, daß Ihr Mann doch einmal einen halben Schritt kürzer treten möge, scheint Ihnen kein rechter Erfolg beschieden zu sein. Lieber legt er einen Schritt zu, und dies auch wörtlich: beim Waldlauf, beim Wandern, beim Bergsteigen.

Zu dem Blick auf den Menschen Horst Albach, ohne den die Belobigung des Wissenschaftlers allzu vordergründig wäre, gehört schließlich auch der Hinweis auf den stets anregenden Lehrer, den trotz aller Terminnot immer wieder hilfs- und einsatzbereiten Kollegen und Freund, nicht zuletzt auch auf den Kunstkenner und -liebhaber, der es z.B. schafft, die Außenfront des Bonner Juridicums mit einem Vasareli zu schmücken, und der ganz nebenbei über „das Bild des Kaufmanns bei Kafka" schreibt. Diese über die Grenzen des eigenen Fachs weit hinaus reichenden Interessen sind ein weiteres Merkmal von Horst Albach. Interdisziplinarität ist ihm keine Leerformel, das Engagement für die Universität als Ganzes auch ohne Selbstverwaltungsamt eine Selbstverständlichkeit. In Bonn profitieren nicht zuletzt der dortige Universitätsclub und die Gäste seiner schönen Begegnungsstätte davon.

V.

Kurz anzusprechen bleiben abschließend noch die Bezüge Horst Albachs zur Universität Bielefeld. Sie reichen bis an deren Anfänge zurück. Er war von 1965 bis 1968 Mitglied des Wissenschaftlichen Beirats des Gründungsausschusses dieser Universität sowie Mitglied der ersten mit der Konzeption der wirtschaftswissenschaftlichen Fakultät befaßten Kommission; in dieser Phase ist auch das Buch über „Hochschulplanung" (mit Koautoren, 1978) entstanden.

In unserer heutigen Fakultät für Wirtschaftswissenschaften sind betriebswirtschaftliche Forschung und Lehre durch Horst Albach nachhaltig beeinflußt – bedingt nicht nur dadurch, daß Fachvertreter durch seine Schule gingen, sondern auch im Hinblick auf seine eingangs skizzierte Sicht des Faches, die hier geteilt und weiter verfolgt wird.

Mit Professor Dr. Horst Albach zeichnet die Fakultät für Wirtschaftswissenschaften der Universität Bielefeld einen um die Betriebswirtschaftslehre verdienten, in der Fachwelt hoch angesehenen Wissenschaftler als ihren Ehrendoktor aus.

WOLFGANG SCHÜLER

Literatur

Albach, H., Zur Theorie der Unternehmensorganisation. In: ZfhF, NF 11, 1959, S. 238-259

Ders., Rentabilität und Sicherheit als Kriterien betrieblicher Investitionsentscheidungen. In: ZfB 30, 1960, S. 583-599 und S. 673-68; wiederabgedruckt in: Albach, H. (Hrsg.), Investititionstheorie, Köln 1975, S. 360-378.

Ders., Die Prognose im Rahmen unternehmerischer Entscheidungen. In: Giersch, H./Borchardt, K. (Hrsg.), Diagnose und Prognose als wirtschaftswissenschaftliche Methodenprobleme, Schriften des Vereins für Socialpolitik, NF Bd. 25, Berlin 1962.

Ders., Investition und Liquidität, Wiesbaden 1962.

Ders., Produktionsplanung auf der Grundlage technischer Verbrauchsfunktionen. In: Brandt, L. (Hrsg.), Schriftenreihe der Arbeitsgemeinschaft für Forschung des Landes Nordrhein-Westfalen, Heft 105, Köln-Opladen 1962, S. 45-76.

Ders., Zur Verbindung von Produktions- und Investitionstheorie. In: Koch, H. (Hrsg.), Zur Theorie der Unternehmung. Festschrift zum 65. Geburtstag von Erich Gutenberg, Wiesbaden 1962, S. 137-203.

Ders., Long-Range Planning in Open-Pit Mining. In: Management Science 13, 1966/67, S. B-549 - B-568; wiederabgedruckt in: Moore, P.G. / Hodger, S.D. (Ed.), Programming for Optimal Decisions, Harmonsworth-Baltimore-Ringwood 1970, S. 118-144.

Ders., Die Koordination der Planung im Großunternehmen. In: Schneider, E. (Hrsg.), Rationale Wirtschaftsplanung und Planung der Wirtschaft von heute, Berlin 1967, S. 332-438; (vielfach, auch in fremdsprachigen und gekürzten Fassungen, wiederabgedruckt).

Ders., Beiträge zur Unternehmensplanung, 1. Aufl. Wiesbaden 1969, 3. erw. Aufl. Wiesbaden 1979; japanische Übersetzung: Tokio 1984.

Ders., Steuersystem und unternehmerische Investitionspolitik, Wiesbaden 1970.

Ders., Innerbetriebliche Lenkpreise als Instrument dezentraler Unternehmensführung. In: ZfbF 26, 1974, S. 216-242.

Ders., Als-ob-Konzept und zeitlicher Vergleichsmarkt, Tübingen 1976.

Ders. zus. mit G. Fandel und W. Schüler, Hochschulplanung, Baden-Baden 1978.

Ders., The Nature of the Firm - A Production-Theoretical View-Point. In: Zeitschrift für die gesamte Staatswissenschaft 137, 1981, S. 717-722.

Ders. zus. mit K. Bock und Th. Warnke, Kritische Wachstumsschwellen in der Unternehmensentwicklung - Ihre inner- und überbetrieblichen Einflußfaktoren. Forschungsprojekt im Auftrage des Bundesministers für Wirtschaft (Abschlußbericht). Erschienen auch in: Schriften zur Mittelstandsforschung, Nr.7 NF, Stuttgart 1985.

Ders., Investitionspolitik erfolgreicher Unternehmen. In: ZfB 57, 1987, S. 636-661

Ders. (Hrsg.), Organisation - Mikroökonomische Theorie und ihre Anwendungen, Wiesbaden 1989.

Ders. zus. mit D. de Pay, R. Rojas und J. Albruschat, Quellen, Zeiten und Kosten von Innovationen. In: ZfB 61, 1991, S. 309-324.

Eine Übersicht der bis Anfang 1991 publizierten wissenschaftlichen Schriften von Horst Albach ist enthalten in: Kistner, K.-P./Schmidt, R. (Hrsg.), Unternehmensdynamik. Horst Albach zum 60. Geburtstag, Wiesbaden 1991, S. 543-563.

Privateigentum und Marktwirtschaft *

Von Gerhard Fels

Überblick

- Der Transformationsprozeß im Osten Deutschlands und Europas hat ein großes Ziel: privates Eigentum wieder herzustellen und eine Eigentumsordnung zu finden, die zu einer funktionsfähigen Marktwirtschaft paßt. Die Beseitigung des Privateigentums an den Produktionsmitteln war das Kernpostulat des doktrinären Sozialismus. Sie wurde in fast allen Ostblockländern rigoros betrieben.

- Nach dem Scheitern dieser Doktrin besinnt man sich wieder auf das Eigentum als eine der ältesten Institutionen der Gesellschaft. Auch westliche Ökonomen können dabei über die Funktionsbedingungen ihres eigenen Systems eine Menge lernen.

- So taucht die Frage auf: Wozu braucht man eigentlich Eigentum? Die Anwort ist nur scheinbar trivial. Sie hat auch zu tun mit der Antwort auf eine andere – lange Zeit nicht gestellte – Frage: Wozu gibt es eigentlich Unternehmen?[1]

A. Privateigentum und Privatisierung

Zunächst einmal kann man im Osten Deutschlands und Europas studieren, wie schwierig es ist, eine gewachsene Institution wie die private Eigentumsordnung, die man fast vollständig zerstört hat, in kurzer Zeit wieder zu errichten. Eine Kultur kann man in zehn Tagen, die die Welt erschüttern, vernichten. Man kann sie aber nicht einmal in 500 Tagen neu schaffen.

Für die ehemalige DDR war es relativ einfach, die privatwirtschaftliche Eigentumsordnung zu etablieren. Sie wurde bei der staatlichen Vereinigung von der alten Bundesrepublik übernommen. Die private Eigentumsordnung ist seither zwar Gesetz, aber noch längst nicht Wirklichkeit. Die Eigentumsrechte in private Hände zu übertragen ist in der Praxis ein schwieriges Unterfangen. Es herrscht häufig Unklarheit über die Eigentumsrechte, alte Eigentümer verlangen Rückgabe, und der Verkauf von Betrieben durch die Treuhandanstalt ist auch deshalb ein mühsamer Prozeß, weil für ökonomische und ökologische Altlasten eine Lösung gefunden werden muß. Politischer Streit entzündet sich darüber, ob möglichst schnell – und das heißt meist zu niedrigen Preisen – privatisiert werden oder ob ein Teil der Betriebe von der Treuhand selbst saniert werden soll. Vertreter einer aktiven Industriepolitik sehen im Staatseigentum eine Chance, die Betriebe zu sozialpolitischen oder strukturpolitischen Zielen zu verpflichten.

In Polen, der CSFR und in Ungarn steht die Privatisierung der ehedem sozialisierten Produktionsmittel ebenfalls auf der Tagesordnung der Reformer. Die Lage ist ähnlich wie im Osten Deutschlands durch Unklarheit, Altforderungen und Altlasten gekennzeichnet. Es fehlen genügend potente Käufer.

Man will an die Belegschaften und die Bevölkerung Gutscheine oder Kupons verteilen, die zum günstigen oder kostenlosen Erwerb von Anteilsscheinen berechtigen. Es regt sich jedoch Widerstand von seiten der Arbeitnehmervertreter in den Betrieben und den Technokraten in den staatlichen Verwaltungen. In Polen zum Beispiel, wo man die Eigentumsstrukturen innerhalb von fünf Jahren denen in Westeuropa angleichen will, bremst der Staatspräsident die Privatisierung, weil er soziale Konflikte befürchtet. Die Anzahl der Anträge auf Rückgabe oder Entschädigung soll sogar die Anzahl der nach dem Krieg nationalisierten Objekte übersteigen.

In den Republiken der ehemaligen Sowjetunion dürfte nach dem gescheiterten Putsch die Eigentumsfrage nun wirklich auf die Tagesordnung kommen. Welchen Rang man dem Privateigentum an Produktionsmitteln einräumen will, ist immer noch heftig umstritten. Gorbatschow benutzte den Begriff Privateigentum erstmals im August 1990. Im 500-Tage-Programm von Schatalin hatte die Privatisierung einen hohen Stellenwert. Das Programm wurde aber verworfen. In der ehemaligen UdSSR gibt es bisher keine hinreichende gesetzliche Grundlage für eine Privatisierung. Auch das Unionsgesetz vom Juli 1991 hatte klare Verhältnisse nicht geschaffen. Größere Staatsbetriebe sollten in Aktiengesellschaften umgewandelt werden. Grund und Boden sollte privat nur genutzt werden dürfen; private Kleinbetriebe und Bauernwirtschaften sind zugelassen. Die Russische Republik will inzwischen das Privateigentum an Produktionsmitteln, auch an Grund und Boden, voll anerkennen. Die Gesetzeslage in den meisten Republiken ist jedoch von einer Eigentumsordnung westlichen Stils noch weit entfernt, die Praxis noch viel weiter.

Bekenntnisse zur Marktwirtschaft sind nach dem gescheiterten Putsch vom August wohlfeil. Aber noch ist ein klares Konzept nicht erkennbar. Langsam dominiert die Einsicht: der Machtanspruch der alten Apparate verträgt sich nicht mit einer Ordnung, in der privates Eigentum dominiert.

In Anbetracht der Widrigkeiten und Widerstände, die sich einer Privatisierung entgegenstellen, ist es enorm wichtig, daß die Bedeutung privaten Eigentums für das Funktionieren der Marktwirtschaft klar erkannt wird. Die Gefahr ist jedenfalls nicht gering, daß die Gegner der Privatisierung ganz oder teilweise eine Marktwirtschaft anstreben, in der zwar Märkte und dezentrale betriebliche Entscheidungen zugelassen sind, das Eigentum an Produktionsmitteln im wesentlichen aber beim Staat verbleibt. Auch unter prognostischen Gesichtspunkten ist die Eigentumsfrage von großem Interesse. Wenn der Erfolg eines marktwirtschaftlichen Systems an eine private Eigentumsordnung geknüpft ist, die nicht ernsthaft angestrebt wird oder sich nur in einem mühsamen Prozeß herstellen läßt, kann es noch lange dauern, bis ein wirtschaftlicher Aufschwung sich durchsetzt.

B. Eigentumsrechte in historischer Perspektive

Einen stringenten Beweis dafür, daß private Eigentumsrechte eine notwendige Bedingung für eine Wohlfahrtsmaximierung in einem Marktsystem sind, sucht man in der wissenschaftlichen Literatur vergebens. Die Begründungen für das Privateigentum, die aus politischer und juristischer Sicht angeführt werden, stellen gewöhnlich ab auf die persönliche Freiheit, die das Eigentum gegenüber staatlichem Zwang gewährt, oder auf die gesellschaftliche Stabilität, die eine breite Streuung des Eigentums sichern hilft. Adam Ferguson definiert einen Wilden als einen Menschen, der kein Eigentum kennt.[2] Für Hayek (1971, 1988) ist die Eigentumsordnung das Ergebnis eines Evolutionsprozesses, nicht Ergebnis menschlichen Entwurfs, sondern Ergebnis menschlichen Handelns. Gesellschaften, die sich dieser Institution bedienten, hätten sich gegenüber Gesellschaften, die dies nicht tun, als überlegen erwiesen. Man muß hinzufügen, daß Hayek diese These zu einer Zeit formuliert hat, als kaum jemand mit dem Zusammenbruch des Sozialismus gerechnet hatte. Douglass North (1988) sieht enge historische Parallelen zwischen dem Aufkommen von Eigentumsrechten und wirtschaftlicher Entwicklung.

Die Geschichtsschreibung liefert nur vage Anhaltspunkte über die Entwicklung der Eigentumsrechte. North und Hayek geben einige Hinweise. Das Privateigentum entstand vermutlich vor etwa zehntausend Jahren beim Übergang vom Nomadentum zur Agrargesellschaft. Die individualistische Eigentumsordnung erlebte ihre Blüte mit der dritten Dynastie des alten Ägypten. Nachfolgende Herrscherhäuser haben sie verkommen lassen und eine jahrtausende lange Stagnation der ägyptischen Zivilisation eingeleitet. In der Antike und im alten Rom standen während der Aufstiegsphase private Eigentumsrechte hoch im Kurs, im Niedergang regierte staatlicher Zentralismus. Im Europa des Spätmittelalters bildete sich in den oberitalienischen und süddeutschen Städten, im Rahmen der Hanse und schließlich in Holland und in England das bürgerliche Privateigentum heraus. Spanien wählte den Weg der Zentralisierung. Die Grenze zwischen beiden Kulturen verläuft heute am Rio Grande. Die industrielle Revolution ging einher mit der Entstehung des geistigen Eigentums, das Investitionen in wissenschaftliche und technologische Neuerungen lohnend erscheinen ließ.

Der spekulative Gehalt dieser Thesen ist offensichtlich. Über die Relevanz mag man streiten. Fest steht jedoch, daß Privateigentum als gesellschaftliche Regelung viel älter ist als die Nationalökonomie, wie sie seit den Klassikern entwickelt wurde. Akkumulation und Allokation, Marginalismus und Marktgleichgewicht, Wettbewerb und Wohlfahrt, Vollbeschäftigung, Innovationen und Internationalisierung, all das sind Konzepte, in denen die Eigentumsordnung nicht explizit vorkommt. Sie wird in der Regel als selbstverständlich unterstellt, eine neoklassische Denkrichtung meint sogar, ohne sie auskommen zu können.

Auf der Ebene der Wirtschaftstheorie wurde die Eigentumsfrage schon einmal heftig diskutiert, allerdings mit dem Ergebnis, daß privates Eigentum für das sozialökonomische Optimum nicht wichtig sei. Ludwig von Mises (1921) hatte in der Sozialismusdebatte der Zwischenkriegszeit die These aufgestellt, daß sich in einer sozialistischen Wirtschaft, die Privateigentum nicht kennt, keine Preise für Produktionsmittel bilden können und somit auch keine knappheitsgerechten Preise für Konsumgüter. Ohne Preisbildung gebe es keine Wirtschaftlichkeitsrechnung. Deshalb könne der Sozialismus nicht funktionieren.

Damit schien die Frage beantwortet zu sein. Mises fand aber nur in Hayek einen Mitstreiter. Eine Ironie der Theoriegeschichte ist es, daß Mises eine geistige Gegenströmung weckte, die sich bald als dominant erwies und bis heute in die Transformationsdebatte hineinwirkt. Vilfredo Pareto formulierte das neoklassische Indifferenztheorem, nach dem die ökonomische Theorie keinen eindeutigen Hinweis liefere, ob eine Gesellschaftsorganisation mit Privateigentum einer sozialistischen überlegen sei. Enrico Barone hat zu zeigen versucht, daß das Pareto-Optimum auch in einer sozialistischen Volkswirtschaft erreicht werden kann. Oskar Lange (1936/37) entwickelte das Modell des Konkurrenz-Sozialismus, in dem es kein Privateigentum gibt, eine staatliche Preisbehörde durch regelgebundenes Verhalten aber dafür sorgt, daß die Marktpreise Gleichgewichtspreise sind. Abba Lerner arbeitet mit einem ähnlichen Modell, läßt aber die Marktpreise sich frei bilden.

Das Modell des Konkurrenz-Sozialismus hat sich über Jahrzehnte in den Lehrbüchern gehalten. Es ist ja intellektuell überaus befriedigend, ein Modell gefunden zu haben, das sich über Systemgrenzen hinwegsetzt. Zweifel wurden lediglich geäußert, ob die von Lange vorgesehene Preisfindungsregel – Preis gleich Grenzkosten – in der Praxis funktioniert und ob das Problem der Marktmacht in dem Modell befriedigend gelöst werden könne. Noch Egon Sohmen hat Mitte der siebziger Jahre in seiner Monographie „Allokationstheorie und Wirtschaftspolitik" bemerkt, Mises sei mit seiner Sozialismuskritik über das Ziel hinausgeschossen. Sie richte „sich zu undifferenziert gegen jede Form des Gemeineigentums an Produktionsmitteln und nicht nur gegen die unter den Sozialisten seiner Zeit dominierende Tendenz zur völligen Beseitigung der Marktmechanismen" (1976, S. 448).

C. Property Rights und Transaktionskosten

Woher die Indifferenz der Neoklassik gegenüber der Eigentumsordnung herrührt, ist erst durch die Property Rights-Diskussion richtig klar geworden. Property Rights sind Verfügungsrechte über Sachen und Leistungen, die auf privatrechtlichen Eigentumsrechten beruhen. Die Modelle von Pareto bis Arrow und Debreu abstrahieren völlig von den Kosten, die wirtschaftliche Transaktionen verursachen, den sogenannten Transaktionskosten. Auch bei Sohmen kommt der Begriff Transaktionskosten nicht vor.[3] Seit Coase (1960) wissen wir, daß Property Rights eine Institution sind, die hilft, Transaktionskosten zu sparen. Transaktionskosten sind – in der Sprache Rudolf Richters (1990) – die Kosten der Marktbenutzung, zum Beispiel Such- und Informationskosten, Verhandlungs- und Entscheidungskosten, sowie die Kosten der Dispositionsnutzung in Unternehmungen, etwa die Kosten der Überwachung und Durchsetzung von Leistungspflichten oder der Risikobewältigung.

Transaktionskosten sind keineswegs eine zu vernachlässigende Größe. Douglass C. North (1991) weist auf Berechnungen hin, nach denen in der Volkswirtschaft der USA 45 vH der Wertschöpfung auf Transaktionsleistungen entfällt, die über den Markt abgegolten werden (und deshalb meßbar sind.) Man denke an Banken, Versicherungen, Kommunikation und Verkehr, Rechtspflege, wirtschaftsnahe Verwaltung, Gewerkschaften und Verbände. Hinzu kommen die – schwer meßbaren – Entgelte für den dispositiven Faktor im Produktionsbereich. Die institutionell bestimmte Transaktionsfunktion ist offensichtlich wichtiger als die technologisch bestimmte Produktionsfunktion, auf die sich die ökonomische Theorie normalerweise kapriziert.

Je nachdem welche Art von Transaktionskosten vorliegen, erweisen sich Marktstrukturen oder hierarchische Organisationen als die besseren Institutionen zur Minimierung dieser Kosten. Geht es vorwiegend um Such- und Informationskosten, also um innovative Prozesse, gelten Märkte als überlegen. Fallen Verhandlungs- und Kontrollkosten besonders ins Gewicht, ist es in der Regel vorteilhafter, die Transaktionen in die hierarchische Struktur eines Unternehmens zu verlagern. Letzteres ist bekanntlich die Antwort von Coase (1937) auf die Frage, warum es überhaupt Unternehmen gibt. Diese Frage, Ende der dreißiger Jahre gestellt, aber erst Anfang der sechziger Jahre richtig aufgegriffen, öffnete den Zugang zu der Welt der Transaktionskosten, die auch die Eigentumsfrage in neuem Licht erscheinen ließ.

Privates Eigentum an Produktionsmitteln ist eine Institution, die auf mannigfaltige Weise Transaktionskosten minimieren hilft. Wer über eine Sache frei verfügen kann, braucht sich nicht mit anderen ins Benehmen zu setzen, wenn er sie wirtschaftlich nutzen oder verändern will. Verhandlungen darüber sind überflüssig. Er kann sich zudem darauf verlassen, daß der Gewinn aus der wirtschaftlichen Verwertung ihm als Eigentümer zusteht, also internalisiert ist. Dafür trägt er auch das Risiko des Fehlschlages. Der Gewinnanreiz sorgt dafür, daß auch risikoreiche Transaktionen vorgenommen werden, deren „Kosten" einem Bürokraten zu hoch erscheinen, weil er für den Fehlschlag belangt werden kann, am Gewinn aber nicht beteiligt ist. Privates Eigentum grenzt also einen Freiheitsraum für den wirtschaftlich Tätigen ab, innerhalb dessen er seine eigenen Pläne realisieren kann, ohne daß er mit Dritten erst verhandeln muß. Ob seine Dispositionen richtig oder falsch waren, entscheidet sich dann im Wettbewerb.

In modernen Staaten finden sich Eigentumsrechte in dieser reinen Form so gut wie nicht mehr. In vielen Fällen berührt ihre Ausübung die Rechte Dritter. Das Arbeits- und Sozialrecht, das Gesellschaftsrecht, das Umweltrecht, das Baurecht und viele andere Regelungen schränken sie ein. In der Regel gibt es dafür gute Gründe. Ein Problem entsteht freilich dann, wenn die Einschränkungen die Dispositionsfreiheit so stark behindern, daß die Eigentumsordnung nicht mehr genügend transaktionskostenmindernd wirkt und die wirtschaftliche Dynamik darunter leidet.

Zurück zum Grundsätzlichen. Die Organisationstheorie würde die Eigentumsfrage wie folgt beantworten: Private Eigentumsrechte erlauben es den Inhabern aus Organisationen auszutreten, die zu hohe Transaktionskosten haben; sie werden zum Beispiel die Aktien eines bestimmten Unternehmens verkaufen. Unter Wettbewerbsbedingungen werden überdies Unternehmen mit niedrigen Transaktionskosten die Eigentümer von Ressourcen dazu bewegen können, ihnen diese Ressourcen zu überlassen. Steven Cheung (1987) charakterisiert den kommunistischen Staat als eine Superfirma, in der kein Aktionär und kein Arbeitnehmer die Wahl hat auszutreten und sich einer anderen Firma anzuschließen. Ausschlaggebend dafür ist das Fehlen von privaten Verfügungsrechten. Weiter zugespitzt besagt diese These, daß dann, wenn es keine Transaktionskosten gäbe, die Allokation der Ressourcen und die Einkommensverteilung in einem kommunistischen Staat die gleichen wären wie in einer Marktwirtschaft. Im Konjunktiv erscheint uns wieder die Welt der Neoklassik, in der von Transaktionskosten abstrahiert wird.

Nun mag man sich natürlich fragen, ob es unter neoklassischen Annahmen ohne Eigentumsrechte wirklich gelingt, wenigstens die Produktionskosten zu minimieren. In der vorangegangenen Analyse sorgt der Mechanismus der Eigentumsrechte nicht nur dafür, daß die Unternehmen mit den niedrigsten Transaktionskosten sich durchsetzen, sondern die Unternehmen mit den niedrigsten Kosten allgemein, also einschließlich der Produktionskosten. Ist das Modell des Konkurrenz-Sozialismus nicht schon deshalb eine Chimäre?

In dem Modell des Konkurrenz-Sozialismus kann man sich zwar theoretisch vorstellen, daß die Investitionsmittel in der Tendenz dahin fließen, wo sich die Produktionsausweitung auch lohnt. Investitionsentscheidungen beruhen aber immer auf Erwartungen über die künftige Rentabilität. Es ist so gut wie ausgeschlossen, daß eine Zentralbehörde als Kapitalanbieter oder die Betriebsleiter als Kapitalnachfrager auf der Grundlage von Gegenwartspreisen und Gegenwartskosten die richtigen Entscheidungen über den Kapitaleinsatz treffen können.[4] Dazu bedarf es eines funktionsfähigen Kapitalmarktes, an dem möglichst viele Akteure ihre Zukunftseinschätzung zur Geltung bringen und abgleichen können. Nur so läßt sich das in der Gesellschaft vorhandene Wissen über bessere Problemlösungen mobilisieren und testen. Ich glaube, das ist Hayeks zentraler Punkt. Man kann sich aber nicht vorstellen, wie ein solcher Markt für Geld- und Sachvermögen entstehen soll, wenn es keine privaten Eigentumsrechte gibt. In einer Marktwirtschaft mit Privateigentum werden die Signale, die von den Gütermärkten ausgehen, von den Kapitalmärkten empfangen und weiterverarbeitet. In einer Wirtschaft ohne Privateigentum fehlt dieser Empfänger. Die Informationsverarbeitung ist gestört.

Auch auf das unternehmerische Verhalten hat die Eigentumsordnung starken Einfluß. Private Investoren sind entweder selbst Unternehmer oder kontrollieren als Anteilseigner von ihnen eingesetzte Manager. Auch wenn man die Rechte der Aktionäre als verbesse-

6

rungsbedürftig ansieht, wird man doch zugestehen, daß bei Eigentümerunternehmern und privaten Kapitaleignern Rentabilität und Risiko abwägende Überlegungen stärker im Vordergrund stehen als bei Staatsunternehmen. Denn Fehlentscheidungen über die Kapitalverwendung sind stets mit eigenen Vermögensverlusten verbunden.

Der Staat als Kapitaleigner läßt sich in der Regel auch von anderen als betriebswirtschaftlichen Zielen leiten. Die Erfahrungen mit verstaatlichten Betrieben gerade in westlichen Ländern zeigen durchweg, daß Ineffizienz einkehrt, wenn die Kontrolle der Kapitalmärkte entfällt. Notwendige Umstrukturierungen unterbleiben mit Rücksicht auf regionale oder sektorale Arbeitsmarktprobleme, Verluste können ja aus der Staatskasse abgedeckt werden. Politiker und Beamte, die sich gleichwohl wie private Kapitaleigner verhalten wollen, sehen sich häufig heftiger Kritik ausgesetzt. Man kann es auch so sehen: die Transaktionskosten der Kapitalverwendung sind bei staatlichem Eigentum wesentlich höher als bei privatem Eigentum.

D. Marktwirtschaftliche Eigentumsordnung

Aber wie muß eine Eigentumsordnung aussehen, die marktwirtschaftlichen Erfolg sichert? Eine eindeutige Antwort darauf gibt es nicht. Große Teile des privaten und öffentlichen Rechts regeln die Art und den Umfang der dinglichen und obligatorischen Verfügungs- und Nutzungsrechte. Mindesterfordernis einer privaten Eigentumsordnung ist jedoch, daß der Verfügungsberechtigte eine Sache wirtschaftlich nutzen, also auch verändern kann, daß die Erträge ihm zustehen, daß er für Verluste haften muß und daß er sie veräußern, verpachten und verwerten kann. Voraussetzung dafür ist wiederum daß Gewerbe- und Handelsfreiheit besteht und daß die Verträge, die von der Rechtsordnung her erlaubt sind, mit Hilfe des Staates erzwungen werden können. Eine private Eigentumsordnung verlangt also nach einer rechtlichen Infrastruktur. Es genügt in den osteuropäischen Reformstaaten nicht, daß man Privateigentum wieder zuläßt. Man muß auch die Gesetze schaffen, die den reibungslosen Umgang damit ermöglichen.

Auch im Westen gibt es von Land zu Land Unterschiede in der Rechtsordnung. Wirtschaftlich besonders relevant sind Unterschiede im Unternehmensrecht, etwa im Verhältnis von Anteilseignern zum Management und im Verhältnis von Management zu Arbeitnehmern. Aber auch die staatlichen Beschränkungen der privaten Eigentumsnutzung können sehr unterschiedlich sein. Aus sozialen, ökologischen, ästhetischen oder hoheitlichen Gründen werden private Verfügungsrechte beschnitten. Selbst Hayek (1971, S. 295) räumt „schwierige Probleme" ein, „wo es sich um Eigentum von Grund und Boden handelt. Die Wirkung, die die Benützung irgend eines Grundstückes oft auf das Nachbargrundstück hat, macht es sicher nicht wünschenswert, dem Besitzer unbeschränktes Recht zur beliebigen Benutzung oder Mißbrauchung seines Eigentums zu geben." Auch aus Gründen des Gesundheitsschutzes, des Arbeitsschutzes, des Umweltschutzes, des Verbraucherschutzes und – ganz wichtig – zur Sicherung des Wettbewerbs lassen sich staatliche Eingriffe in das private Eigentum rechtfertigen. In bestimmten Fällen stellen sie sogar die rationalere Lösung dar. Das ist dann der Fall, wenn eine Regulierung geringere Transaktionskosten verursacht als eine privatrechtliche Vereinbarung.

Staatliche Eingriffe können aber so weit gehen, daß die wirtschaftliche Dynamik darunter leidet. In vielen Ländern wird heute versucht, durch Deregulierung die staatlichen Verfügungsbeschränkungen zurückzudrängen, um den Marktkräften mehr Spielraum einzuräumen. Die private Eigentumsordnung ist zwar im Prinzip vorgegeben, im einzelnen aber auch einem dauernden Trial-and-Error-Prozeß unterworfen. Daran sind vor allem Gesetzgebung, Verwaltung und Rechtsprechung beteiligt. Analysen über die ökonomischen Folgen rechtlicher Regelungen – etwa der Verpflichtung zu Sozialplänen, zu Umweltschutzmaßnahmen oder der Mietenregulierung – können dazu beitragen, daß möglichst sachlich entschieden wird, oder daß nach Regulierungsmodellen gesucht wird, die möglichst wenig wirtschaftlichen Schaden anrichten.

Für die marktwirtschaftliche Dynamik ist nicht unerheblich, wie die Rechtsordnung den Tatbestand behandelt, daß durch Ausübung eigener Rechte die Rechte anderer gefährdet werden können. Willi Meyer (1983) weist darauf hin, daß die kapitalistische Entwicklung überwiegend im Rahmen einer Rechtsordnung stattgefunden habe, die dem Prinzip der erlaubten Gefährdung fremder Rechte bei Haftung für entstandenen Schaden gefolgt sei. Man könnte auch sagen, die Rechtsordnung hat sich mit einer ex-post-Kompensation begnügt. Dieses Prinzip zieht sich jedenfalls durch die Schadensersatzregelungen des Bürgerlichen Gesetzbuches. Es ist in den letzten Jahren durch Ausweitung der Gefährdungshaftung (Produzentenhaftung) verschärft worden. Dabei handelt es sich um die privatrechtliche Lösung der Verletzung fremder Rechte.

In modernen Volkswirtschaften breitet sich jedoch immer mehr das Prinzip des Verletzungsverbots von fremden Verfügungsrechten aus. Dabei werden öffentlich-rechtliche Mittel eingesetzt, um Verletzungen ex ante zu unterbinden. Im Baurecht, im Umweltrecht, im Gesundheitsrecht finden sich dafür viele Beispiele. Es gibt auch Bestrebungen, den betroffenen Arbeitnehmern ein Mitbestimmungsrecht bei betrieblichen Innovationen einzuräumen, die Arbeitsplätze gefährden könnten. Bislang werden die betroffenen Arbeitnehmer durch Kündigungsschutz, Sozialpläne und das allgemeine soziale Netz abgesichert. Ebenso versuchen einflußreiche Kräfte Kommissionen einzurichten, die über die Zulässigkeit von Zukunftstechnologien befinden, sogenannte Technologiefolgenabschätzung betreiben. In all dem mag sich ein erhöhtes Risikobewußtsein der Gesellschaft niederschlagen. Nicht übersehen sollte man jedoch, daß solche ex ante Regelungen den dynamischen Kern der Marktwirtschaft berühren. Auch wenn die wohlhabenden Gesellschaften des Westens meinen, sich solche Reglements leisten zu können, für die Reformländer des Ostens wären sie lähmend.

E. Der Weg zum Ziel

Die Reformer im Osten plagt im Augenblick das Problem, wie sie überhaupt zu einer funktionierenden privaten Eigentumsordnung kommen. Wie bei jeder Reform sind die Übergangsprobleme viel größer als es die Konzeption eines anzustrebenden Endzustandes ist. Die Privatisierung der Produktionsmittel ist mit Sicherheit das Kernstück der Reformen. Sie ist zugleich ihr schwierigster Teil. Eine erprobte Methode für die möglichst rasche Überführung des größten Teils der Eigentumsrechte gibt es nicht. Es ist noch nicht vorgekommen, daß in geordneter und friedlicher Weise eine völlig neue Primärverteilung privater Eigentumsrechte hergestellt werden mußte. Die Eigentumsverteilung, die wir heute in westlichen Ländern vorfinden, ist in einem langen historischen Prozeß entstanden, an dessen Anfang der rechtmäßige Erwerb sicher nicht die einzige Form der Aneignung gewesen ist.

Die Privatisierung muß in andere fundamentale Reformen eingebettet sein. Dazu gehört, daß die Preise sich im Wettbewerb frei bilden können. Nur dann ist eine einigermaßen verläßliche Bewertung möglich. Wettbewerbsmärkte entstehen aber nur, wenn die alten Monopole entflochten werden und Konkurrenz durch die Außenwirtschaft geschaffen wird. Das wiederum sollte verbunden sein mit einer makroökonomischen Stabilisierung, damit die Freigabe der Preise nicht in einer Inflationswelle und einem Zahlungsbilanzdesaster endet. In Ostdeutschland hat man diesen Teil der Reformaufgabe ziemlich radikal durch die Einführung der Wirtschafts- und Währungsunion gelöst – allerdings zu Umstellungsbedingungen, die einen gewaltigen Produktionseinbruch zur Folge hatten. In den anderen ehemaligen RGW-Ländern fehlt es an den finanziellen Vorbedingungen für eine solche Radikalkur.

Weiterhin verlangt der Privatisierungsprozeß institutionelle Reformen. Ein Vertrags- und Unternehmensrecht, das zu Privateigentum paßt, muß ebenso entstehen wie die rechtliche Grundlage für Finanzmärkte. Kein Wirtschaftssystem kommt ohne Disziplin aus. An die Stelle der stalinistischen Disziplin der Kommandowirtschaft muß die marktwirtschaftliche Disziplin treten, eine Disziplin, die auf der Rechtsordnung, auf dem Wettbewerb und auf knappem Geld beruht. Die Übergangszeit schafft den Nährboden für Abenteurer und Verbrecher. Die Finanzmärkte bedürfen eines gewissen Maßes an Regulierung, nicht unbedingt des Übermaßes, das in manchen westlichen Ländern vorherrscht. Um der Rechtsordnung Geltung zu verschaffen, bedarf es einer funktionierenden Verwaltung und Gerichtsbarkeit. Wie schwierig dieser Aufbau trotz relativ günstiger Bedingungen ist, kann man in den neuen Bundesländern beobachten.

Privates Eigentum ist für die Funktionsfähigkeit der Marktwirtschaft so zentral, daß man nicht warten kann, bis alle Vorbedingungen für eine reibungslose Privatisierung geschaffen sind. Ein Verkauf von Unternehmensanteilen über die Börse nach westlichen Bonitätskriterien wird in kaum einem der Reformstaaten in den nächsten Jahren möglich sein. Gefragt sind pragmatische Lösungen, sozusagen Fußgängermethoden. Die Treuhandanstalt praktiziert sie. Wo reibungslose Restitution möglich ist, sollte sie schnell vorgenommen werden. Betriebsführungsverträge mit westlichen Unternehmen – gleichsam eine Privatisierung der Privatisierung – können die staatlichen Stellen ebenfalls entlasten. Die günstige Abgabe von Kapitalanteilen an Belegschaft, Management und Bevölkerung, wie sie in einigen Ländern praktiziert wird, ist ebenfalls eine unkonventionelle Form. Als gerecht wird man das Ergebnis nicht immer ansehen. Gerechtigkeit kann ja sehr teuer sein – jedenfalls wenn man die Transaktionskosten berücksichtigt, die eine verzögerte Privatisierung verursacht.

Trotz aller Probleme gilt für die Privatisierung das, was schon Adam Smith (1776, S. 702) über die Vorteile eines Verkaufs von Land im Staatsbesitz gesagt hat: „In jeder großen Monarchie in Europa würde der Verkauf von Kronland zu ganz beachtlichen Geldeinnahmen führen, die, zur Tilgung der Staatschulden verwendet, ein weit höheres Einkommen von der Beleihung befreien würden, als Grund und Boden jemals der Krone eingebracht haben. ... Die Krone käme dann sofort in den Genuß eines Einkommens, das sie in dieser Höhe von Pfandrechten freimachen könnte, und im Laufe weniger Jahre würden wahrscheinlich noch weitere Einnahmen hinzukommen. Das Kronland selbst dürfte, nachdem es in Privathand übergegangen ist, in wenigen Jahren in gutem Zustand sein."

Anmerkungen

* Vortrag auf Einladung der Universität Bielefeld anläßlich der Verleihung des Dr. rer. pol. honoris causa an Herrn Professor Horst Albach.
1 Mit dieser Frage hat sich auch Horst Albach (1981) in einem interessanten Artikel beschäftigt. Er interpretiert das Unternehmen als hierarchisches Input-Output-System, das komplementär zum Markt zur effizienten Ressourcenallokation beiträgt.
2 Zitiert nach Hayek (1988, S. 35).
3 Dort sind nur „Transportkosten" genannt.
4 Helmstädter (1991) hat sich mit der Bedeutung der Kapitalwirtschaft für die marktwirtschaftliche Allokation befaßt. Er zeigt, daß die kapitaltheoretischen Überlegungen Böhm-Bawerks und Euckens im Modell des Konkurrenz-Sozialismus völlig ignoriert werden. Auch er unterstreicht den statischen Charakter des Modells, der auf der Abwesenheit von Eigentumsrechten beruht.

Literatur

Albach, Horst, The nature of the firm – a production-theoretical viewpoint, in: Zeitschrift für die gesamte Staatswissenschaft (JITE), 137 (1981), S. 717–722.
Cheung, Steven N. S., Economic organization and transaction costs, in: The New Palgrave – A Dictionary of Economics, London 1987, Band 2, S. 55–58.
Coase, Ronald H., The nature of the firm, in: Economica, 4 (1937), S. 386–405.
Coase, Ronald H., The problem of social cost, in: Journal of Law and Economics, 3 (1960), S. 1–44.
Hayek, Friedrich August von, Die Verfassung der Freiheit, Tübingen 1971.
Hayek, Friedrich August von, The Fatal Conceit: The Errors of Socialism, London 1988.
Helmstädter, Ernst, Eigentum und Kapitalwirtschaft in der Ordnungspolitik, in: ORDO, 42 (1991), S. 235–251.
Lange, Oskar, On the economic theory of socialism, in: Review of Economic Studies, 4 (1936/37), S. 53–71, 123–142.
Meyer, Willi, Entwicklung und Bedeutung des Property Rights-Ansatzes in der Nationalökonomie, in: Alfred Schüller (Hrsg.), Property Rights und ökonomische Theorie, München 1983, S. 1–44.
Mises, Ludwig von, Die Wirtschaftsrechnung im sozialistischen Gemeinwesen, in: Archiv für Sozialwissenschaft und Sozialpolitik, 47 (1921), S. 86–121.
North, Douglass C., Theorie des institutionellen Wandels, Tübingen 1988.
North, Douglass C., Institutions, in: Journal of Economic Perspectives, 5 (1991), S. 97–112.
Richter, Rudolf, Sichtweise und Fragestellungen der Neuen Institutionenökonomik, in: Zeitschrift für Wirtschafts- und Sozialwissenschaften, 110 (1990), S. 571–591.
Smith, Adam, Der Wohlstand der Nationen (1776); deutsche Übersetzung von Horst Claus Recktenwald, München 1978.
Sohmen, Egon, Allokationstheorie und Wirtschaftspolitik, Tübingen 1976.

Zusammenfassung

Die Institution des Privateigentums ist von konstitutioneller Bedeutung für das Funktionieren einer marktwirtschaftlichen Ordnung. Die Bedeutung privaten Eigentums wurde aber lange nicht erkannt. So setzte die neoklassische Wirtschaftstheorie die Existenz von Privateigentum voraus oder hielt sie für unwichtig und schloß die Analyse von Eigentumsrechten aus ihrer Betrachtung aus. Die transaktionskostensenkende Funktion privater Eigentums- und Verfügungsrechte ist erst im Rahmen des Property Rights-Ansatzes erkannt worden. In modernen Marktwirtschaften sind die Property Rights jedoch aus vielfältigen Gründen eingeschränkt. Bei diesen Beschränkungen ist jedoch darauf zu achten, daß die Eigentumsrechte nicht in ihrem funktionellen Kern beeinträchtigt werden. Der Übergang zur Marktwirtschaft in Osteuropa wird nur dann erfolgreich sein, wenn es gelingt, eine private Eigentumsordnung zu etablieren. Trotz aller technischen Schwierigkeiten, die dies mit sich bringt, muß die Privatisierung zügig vorangetrieben werden.

Summary

Private property is fundamentally important for the functioning of a market economy. The meaning of private property, however, has not been perceived for a long time: the neoclassical economic theory took the existence of private property for granted or unimportant and excluded the analysis of private property rights. It was not until the property rights discussion arose that the economic function of private property to reduce transaction costs has been recognized. In modern market societies property rights are restricted for different reasons. But by imposing these restrictions it should be taken care of that the functional meaning of private property is unchanged. The transition towards market economies in Eastern Europe will be only successful, if it is possible to establish a society based on private property. Thus, despite all technical problems, the privatization should be exercised with priority.

Über Informationsmonopole *

Von Horst Albach

Überblick

- Der Beitrag beantwortet die Frage: „Ist der Preis, den ein Anbieter verlangt, überhöht?"

- Der Beitrag beantwortet diese Frage anhand eines konkreten Falles, der Preise für Fachzeitschriften.

- Die Methode, die zur Beantwortung angewandt wird, folgt der Methodik der Bestimmung von Preis-Leistungs-Verhältnissen.

- Der Beitrag wendet sich an den Wettbewerbstheoretiker. Es werden die Probleme der Abgrenzung des relevanten Marktes, der Bestimmung der Marktmacht eines Anbieters, und der Preisbildung auf heterogenen unvollständigen Oligopolmärkten behandelt.

- Der Praktiker soll die wettbewerbspolitische Dimension seines Preismanagement besser verstehen lernen. Dabei spielt auch das Preismanagement bei schwankenden Wechselkursen eine wichtige Rolle. Der Beitrag hilft möglicherweise auch bei der Entwicklung einer Verteidigungsstrategie gegen unbegründete Vorwürfe, die Preise für seine Produkte seien mißbräuchlich überhöht.

A. Einleitung

Als ich vor vielen Jahren zusammen mit Wilhelm Krelle in Münster im Hause von Helmut Schelsky saß, eingehüllt in den Zigarrenrauch, den Schelsky um sich zu verbreiten pflegte, und angeregt von dem guten Whisky, den er nicht nur zu trinken, sondern auch zu kredenzen pflegte, träumend von einer neuartigen Forschungsuniversität, die in Bielefeld entstehen sollte, hätte ich mir nicht träumen lassen, daß diese Universität mir einmal die Freude machen würde, mich durch die Verleihung des Grades eines Doktors der Wirtschaftswissenschaften honoris causa zu einem der ihren zu machen. Damals hätte ich eher damit gerechnet, selbst Verantwortung für den Aufbau übernehmen zu können.

Die Verbundenheit, die ich mit dieser Universität empfinde, ist aber nicht nur auf jene Phase des Träumens von neuen Universitäten und der Umsetzung neuer Konzepte in Universitäts- und Fakultätsordnungen zurückzuführen. An diesen Träumen hat ohnehin die Zeit, wie Thomas Mann sagen würde, „betrübliche Reduktionen" vorgenommen. Die Verbundenheit beruht auf den persönlichen Beziehungen zu Mitgliedern dieser Universität. Würde ich versuchen, ein soziales Netzwerk dieser Beziehungen zu zeichnen, so würde es zu Herrn Inderfurth, Herrn Schüler, Herrn Kistner und Herrn Trockel über Bonn, zu Herrn Glastetter über Wiesbaden, zu Herrn Katterle und Herrn Luhmer über Köln, zu Herrn Schwödiauer über Wien, zu Herrn Wenig über Köln und Bonn, zu Herrn Wehler über Amerika und Köln und zu Herrn Breckle über Afghanistan laufen, und das wäre noch keine vollständige Beschreibung des Netzwerkes der Beziehungen.

Ich habe von Träumen und Konzepten gesprochen, die mich in der Zeit der Gründung dieser Universität bewegten. Es gibt aber noch eine Bindung an Bielefeld, die nicht minder stark in der Erinnerung lebt. Wolfgang Schüler hat in seiner Laudatio in der ihm eigenen Bescheidenheit von meinem Buch „Hochschulplanung" als „mit Koautoren" verfaßt gesprochen, ohne dabei zu erwähnen, daß er selbst ein ganz maßgeblicher Koautor ist. Dieses Buch geht auf ein Gutachten zurück, das mir der seinerzeitige Rektor von Bielefeld, Ernst-Joachim Mestmäcker, erteilt hatte. Wir sollten ein Planungssystem entwerfen, mit dem der Aufbau der Universität unter Berücksichtigung der Leistungsverflechtungen zwischen Fachbereichen geplant werden konnte. Personalbedarf und Raumbedarf sollten im Modell ermittelt werden. Wir haben damals zunächst echte Grundlagenforschung leisten müssen. Eine „Hochschulproduktionsfunktion" mit den für Bielefeld charakteristischen Outputs, nämlich Studenten und Forschungsergebnissen, gab es damals nicht. Es gab, wenn überhaupt, nur falsche Vorstellungen über den Output einer Hochschule – an die Arbeiten des HIS und der WIBERA sei in diesem Zusammenhang erinnert. Die Umsetzung in die Gesamtplanung einer Hochschule erwies sich als nicht einfach, und wir haben viel daraus gelernt. Wir haben mit diesem Modell später auch jahrelang Schaden, der der Bonner Fakultät durch die KapVO entstanden wäre, abwenden können. Das Konzept der Bildungsproduktionsfunktion, das wir damals entwickelt haben, hat sich theoretisch und praktisch durchgesetzt. Bei der Reform der beruflichen Bildung haben wir es auch praktisch eingesetzt, um die Kosten der verschiedenen Bildungsprozesse in der Berufsausbildung zu berechnen. Die dort weiterentwickelten Methoden des Gutachtens werden vom Bundesinstitut für Berufsbildungsforschung laufend zur Ermittlung der Kosten der Berufsbildung eingesetzt.

Mit diesen Hinweisen wollte ich meinen Dank ausdrücken für viele Jahre freundschaftlicher und wissenschaftlicher Verbundenheit mit dieser Universität und ihren Mitgliedern. In diesem Sinne bitte ich auch meinen Dank für die Verleihung des Grades eines Doktors rer. pol. h.c. zu verstehen. Wissenschaftliche Leistungen, die mit einer solchen akademischen Auszeichnung gewürdigt zu werden pflegen, sind nie das Werk eines einzelnen. Sie sind das Ergebnis der vielfältigen Anregungen, die der Wissenschaftler von Kollegen, Mitarbeitern und Studenten erhält, sie sind das Ergebnis des Wunsches, großen Vorbildern nachzueifern und anderen Vorbild an wissenschaftlichem Eros und handwerklicher Präzision zu sein. So gesehen, wäre es auch richtig, Veröffentlichungen ähnlich zu zeichnen, wie es mittelalterliche Künstler auf Altarbildern taten: „Soli deo". Wissenschaftler müßten also mit „soli universitati" statt mit dem eigenen Namen zeichnen. Tatsächlich ist dies anders, und das hat wohl auch seinen guten Grund. Das wissenschaftliche Werk ist individuell zurechenbar, Fehler und Holzwege sind individuell zu verantworten. Dies ist für den Fortschritt der Wissenschaft wohl auch nötig, denn Kollektivschuld für Fehler ist kein hinreichendes Incentive, sie zu beseitigen und in Zukunft zu vermeiden. Erfreulich ist es dann natürlich für einen Autor, wenn in seinen Veröffentlichungen mehr Fortschritte als Fehler entdeckt werden. Das scheint die Laudatio zum Ausdruck bringen zu wollen. Ich möchte mich dafür mit einem Beitrag bedanken, der von wissenschaftlichen Innovationen handelt. Wissenschaftliche Innovationen sind wissenschaftliche Entdeckungen, die in den Markt der wissenschaftlichen Meinungen eingeführt werden, hier speziell: durch Aufsätze in wissenschaftlichen Zeitschriften. Die Frage lautet, ob wissenschaftliche Zeitschriften deshalb ein Monopol auf dem Markt für wissenschaftlichen Fortschritt erringen können und damit den Regeln des Kartellrechts zu unterwerfen wären.

B. Der Markt wissenschaftlicher Zeitschriften

I. Das Problem

Ausgangspunkt meiner Überlegungen ist die Beschwerde des Direktors einer deutschen Universitätsbibliothek beim Kartellamt, die Preise einiger (allerdings nicht betriebswirtschaftlicher!) Fachzeitschriften eines ausländischen Verlages auf dem deutschen Bibliotheksmarkt seien mißbräuchlich überhöht. Die Zeitschriften besäßen ein Monopol, da ihr Bezug für die Bibliothek „zwingend erforderlich" sei.

Der Universitätsbibliotheksdirektor hatte zur Begründung für seine These den Durchschnittspreis der 1500 Fachzeitschriften, die die Universitätsbibliothek in dem betreffenden Jahr bezog, ermittelt und festgestellt, daß der Durchschnittspreis der ausgewählten Fachzeitschriften des Verlages um 87 Prozent höher lag als dieser Durchschnitt.Diese Differenz hielt er für den Beweis dafür, daß der Verlag eine marktbeherrschende Stellung der entsprechenden Fachzeitschriften auf ihren Bibliotheksmärkten mißbräuchlich ausnutze.

Das Kartellamt stellte dem Verlag die Beschwerdepunkte zu. Der Verlag machte geltend, ein Verlag müsse die hohen Anlaufverluste für Fachzeitschriften durch entspre-

Abb. 1:   Neue Fachzeitschriften/Kumulierte Gewinne/Verluste

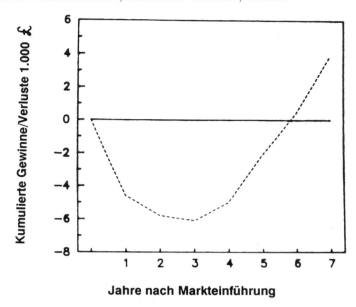

Jahre nach Markteinführung

Die Abbildung stellt die kumulierten Gewinne und Verluste einer typischen Fachzeitschrift dar, die im Jahre 1970 zum ersten Mal erschien.
Quelle: Journal Publishing by Page, Campbell and Meadows. Butterworths 1987. Reproduced from Proceedings of the UK Serials Group Conference, Monograph No. 2, 1979.

chend hohe Preise in späteren Jahren hereinzuholen suchen. Er verwies dabei auf eine in England erschienene Veröffentlichung (Abbildung 1). Der Verlag machte ferner geltend, der Wettbewerb auf dem Markt für Fachzeitschriften in Bibliotheken sei im Laufe der Jahre intensiver, die Auflage immer geringer geworden. Auch dies habe zu höheren Preisen geführt (Abbildung 2).

II. Die Vorgehensweise

Der wissenschaftlichen Analyse dieses Problems stellen sich zwei Fragen:

1. Wie kann ein Verlag die Marktmacht seiner Zeitschriften auf dem relevanten Markt feststellen?
2. Welche Preispolitik soll er bei flexiblen Wechselkursen und einem vor Beginn des Bezugsjahres zu bestimmenden Abonnementspreis betreiben?
   Die zweite Frage kann auch so formuliert werden: Ist es bereits mißbräuchlich, wenn der Verlag das Währungsrisiko auf seine Abonnenten abzuwälzen sucht?

Die beiden Fragen sollen im folgenden beantwortet werden.

Abb. 2: Neue Fachzeitschriften/Entwicklung der Auflage

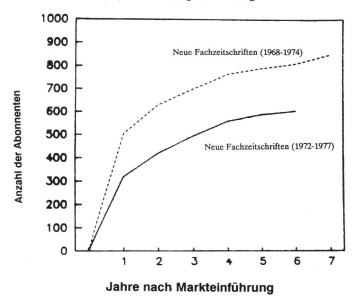

Jahre nach Markteinführung

Die Abbildung stellt die Entwicklung der Auflagenhöhe neuer Fachzeitschriften dar, die unabhängig von wissenschaftlichen Gesellschaften herausgebracht werden. Jede der beiden Kurven wurde aus dem Durchschnitt von drei Fachzeitschriften berechnet.
Quelle: Journal Publishing by Page, Campbell and Meadows. Butterworths 1987. Reproduced from Proceedings of the UK Serials Group Conference, Monograph No. 2, 1979.

III. Die Struktur des Zeitschriftenmarktes

Nach dem bekannten Paradigma der Harvard-Schule „Marktstruktur – Marktverhalten – Marktergebnis" untersuchen wir zunächst die Nachfrage- und die Angebotsseite des Marktes.

1. Die Nachfrage

Die Nachfrager sind die Bibliotheken, und zwar sowohl Universitätsbibliotheken als auch Bibliotheken von Unternehmen. Die Nachfrageseite läßt sich eindeutig abgrenzen.

Die *Bibliotheken* entfalten, obwohl das manchen Bibliotheksdirektoren nicht bewußt zu sein scheint, abgeleitete Nachfrage. Sie befriedigen ihrerseits die Nachfrage ihrer Benutzer nach wissenschaftlichen Informationen. Ob eine Zeitschrift zwingend bezogen werden muß, hängt deshalb von dem Informationsverhalten der Wissenschaftler ab, nicht von dem Verhalten der Bibliothekare.

Wissenschaftler arbeiten entweder im Labor oder im Institut oder zu Hause. Sie benötigen dazu Informationen über neue Erkenntnisse in ihrem Fach. Sie führen deshalb

17

die wichtigsten Zeitschriften ihres Faches entweder im eigenen Labor, im eigenen Institut oder in ihrer Privatbibliothek. Je notwendiger eine Fachzeitschrift für einen Wissenschaftler ist, umso wahrscheinlicher ist es, daß er sie selbst abonniert, sei es über sein Institut, sei es privat.

Diese Überlegung führt zu einem ersten Ergebnis: Je wahrscheinlicher es ist, daß ein Wissenschaftler eine Fachzeitschrift in der Universitätsbibliothek benutzt oder anfordert, um so unwahrscheinlicher ist es, daß diese Fachzeitschrift von der Bibliothek zwingend abonniert werden muß.

Dieses Ergebnis ist durch zwei Überlegungen nach zwei Seiten hin abzusichern: Einmal befriedigen Fachzeitschriften in manchen Wissenschaftsbereichen überhaupt nicht mehr den Informationsbedarf von Wissenschaftlern, sondern nur noch den Dokumentationsbedarf. Die neuesten Erkenntnisse in der Informatik werden weltweit online vermittelt. Die sogenannte graue Literatur der Discussion und Working Papers informiert den Kreis der an der Front der Forschung arbeitenden Gelehrten. Diejenigen Forscher, die auf Informationen aus Fachzeitschriften in Universitätsbibliotheken warten, stehen nicht in der vordersten Front der Forschung. Zum anderen: In manchen Wissenschaften kommt es vor, daß ein wichtiger Aufsatz in einer Zeitschrift erschienen ist, die nicht im Institut oder in der Privatbibliothek vorhanden ist. Hat die Universitätsbibliothek die entsprechende Zeitschrift auch nicht abonniert, kann sie jedoch, entsprechende Datenbänke vorausgesetzt, den Standort der Zeitschrift alsbald ermitteln und den gewünschten Band über die Fernleihe besorgen oder gegebenenfalls sogar über Telefax beschaffen.

Die Betrachtung der Nachfrageseite führt also zu dem Ergebnis, daß der Bezug einer Fachzeitschrift durch eine Universitätsbibliothek nicht unverzichtbar ist.

Damit kein Zweifel aufkommt: Dieses Ergebnis hat zur Voraussetzung, daß die Etats der Institute oder die Einkommen der Hochschullehrer oder beides genügend hoch sind. Die Erfahrung lehrt, daß diese Voraussetzungen in Deutschland nicht mehr durchweg erfüllt sind.

2. Die Angebotsseite

Die Nachfrage richtet sich auf die Informationen über Ergebnisse wissenschaftlicher Forschung. Diese werden in Zeitschriften angeboten. Wir fragen nunmehr, ob die Angebotsseite des Bibliotheksmarktes für Fachzeitschriften monopolistisch strukturiert ist.

Fachzeitschriften werden im allgemeinen als Verlagsobjekte angeboten. In Einzelfällen sind allerdings Fachzeitschriften auch Objekte wissenschaftlicher Gesellschaften, die sich bestimmter Verlage für die Dienstleistung der Distribution bedienen. Hier ist nur von Verlagsobjekten die Rede. *Verlage* bedienen sich im allgemeinen eines Herausgebers oder eines Herausgeberkreises für die Gestaltung der Fachzeitschrift. Der *Herausgeber* seinerseits veröffentlicht im allgemeinen das, was ihm von Autoren zur Veröffentlichung übersandt wurde und einen fachlichen Ausleseprozeß durch Gutachter erfolgreich durchlaufen hat. Natürlich ist jeder Herausgeber bemüht, gute *Autoren* für seine Zeitschrift zu gewinnen.

Die Angebotsseite besteht aus dem Autor, auf dessen Forschungsergebnisse sich die Informationsnachfrage richtet, aus dem Herausgeber, der für Qualität bürgt, und dem Verlag, der eine weite Verbreitung der Zeitschrift gewährleisten soll.

a) Die Autoren

Die Autoren veröffentlichen ihre Forschungsergebnisse im allgemeinen nicht in einer einzigen Zeitschrift. Sie versuchen, nicht anders als Werbeabteilungen von Unternehmen, die Reichweite ihrer Leserschaft zu maximieren. Nur fünf Prozent der Autoren in den Fachzeitschriften mit angeblicher Monopolstellung verweisen bei Selbstzitaten ausschließlich auf Arbeiten in derselben Fachzeitschrift, 80 Prozent der Autoren dagegen verweisen bei Selbstzitaten auf Arbeiten, die auch in anderen Fachzeitschriften erschienen sind. Eine Analyse der Veröffentlichungsverzeichnisse von Autoren zeigt, daß Wissenschaftler ihre Forschungsergebnisse erheblich über die Fachzeitschriften streuen. Das Publikationsverhalten eines besonders fruchtbaren Forschers ist in Abbildung 3 wiedergegeben. Es handelt sich um 358 Aufsätze eines Naturwissenschaftlers, der hier als „Dr. Miller" bezeichnet sei.

Abbildung 3 zeigt, daß Dr. Miller auf einer ganzen Reihe von Spezialgebieten in seinem Fach arbeitet, vor allem allerdings auf den Gebieten 2 und 8. Auf diesen Gebieten veröffentlicht er nur 2 bzw. 8 Prozent seiner Aufsätze in den angeblich monopolistischen Fachzeitschriften. Freilich: dies ist auch nicht verwunderlich, da die Fachzeitschriften des Verlages auf diesem Gebiet nur einen Marktanteil von 2 bzw. 5 Prozent aller Fachzeitschriften dieses Gebietes besitzen. Geht man dagegen von dem Fachgebiet aus, auf dem die Fachzeitschriften des Verlages den höchsten Marktanteil besitzen (Fachgebiet 6), dann erkennt man, daß Dr. Miller zwar auf diesem Gebiet weniger veröffentlicht (nur 4 Prozent seiner Veröffentlichungen gehören in dieses engere Fachgebiet), aber diese Veröffentlichungen doch offenbar gleichmäßig auf die Fachzeitschriften aller Verlage verteilt. Auf diesem Fachgebiet bietet auch der Verlag mehr als eine, nämlich drei Fachzeitschriften an.

Abb. 3:   Das Publikationsverhalten eines Autors

Engeres Fachgebiet	Anzahl der Aufsätze von Dr. Miller in v.H. der Gesamtzahl	Anteil der Aufsätze in Fachzeitschriften des Verlags	Marktanteil der Fachzeitschriften des Verlags
1	1,1	–	–
2	3,1	9,1	14,3
3	1,4	–	–
4	8,4	20,0	11,1
5	4,5	6,3	10,0
6	4,2	33,3	30,0
7	29,1	1,9	2,2
8	17,6	7,9	5,3
9	6,9	4,0	5,3
10	2,2	–	–
11	6,9	4,0	4,6
12	11,5	4,9	3,7
13	3,1	–	–
Summe	100		

Daraus kann man schließen: Wissenschaftler betreiben eine Angebotspolitik der Diversifikation. Sie betrachten Fachzeitschriften nicht als substitutive, sondern als komplementäre Güter.

Natürlich gibt es auch Wissenschaftler, die denselben Gedanken unter verschiedenen Titeln in verschiedenen Fachzeitschriften veröffentlichen. Wäre dieses Autorenverhalten typisch, dann wäre der Vorwurf, eine Fachzeitschrift habe ein Informationsmonopol, von vornherein gegenstandslos. Ich gehe im folgenden davon aus, daß jeder Wissenschaftler versucht, in jedem neuen Aufsatz zumindest einen ϵ-Fortschritt seiner Forschung zu veröffentlichen.

Die absoluten Zahlen, die der Abbildung 3 zugrunde liegen, lassen einen zweiten Schluß zu. Auf Gebieten, auf denen ein Verlag nur eine Fachzeitschrift anbietet, liegt der Angebotsanteil von Dr. Miller unter dem Marktanteil dieser Fachzeitschrift (mit Ausnahme von Fachgebiet 12). Dort, wo der Verlag mehr als eine Zeitschrift anbietet, liegt der Angebotsanteil über dem Marktanteil. Die Verlage erzielen also durch Angebot mehrerer Fachzeitschriften in einem Gebiet Konzentrationseffekte hinsichtlich ihrer Autoren. Cannibalizing von Fachzeitschriften ist bei Verlagen offenbar weniger zu fürchten als im Marketing von Konsumgütern.

b) Die Herausgeber

Die Herausgeber einer Fachzeitschrift edieren im allgemeinen nur eine Fachzeitschrift. Sie sind auch außerordentlich wettbewerbsorientiert, wenn es mehrere Fachzeitschriften auf ihrem Gebiet gibt. Sie konkurrieren um die besten Autoren, sie konkurrieren darum, die erste Wahl bei Autoren zu sein, sie wetteifern um die Höhe der Ablehnungsquote und fürchten nichts mehr, als daß ihre Referees einen Aufsatz annehmen, der von den Herausgebern der Konkurrenzzeitschrift abgelehnt worden ist.

Gegenüber dem Verlag kämpfen sie um die Erhöhung der Seitenzahl bei gleichem Preis, um möglichst vielen Autoren die Möglichkeit zu geben, ihre Forschungsergebnisse zu veröffentlichen, und um die Nachfrage nach Forschungsergebnissen möglichst vollständig zu befriedigen. Nimmt man nun an, daß ein Verlag seine Stellung auf dem Bibliotheksmarkt mißbräuchlich ausnutzt, dann würden dies natürlich nicht nur die Bibliotheksdirektoren, sondern auch die Herausgeber erkennen. Sie würden entweder auf eine Senkung des Preises zur Erhöhung der Auflage oder auf die Vergrößerung des Umfanges der Zeitschrift oder auf die Zahlung von Honoraren an Herausgeber und Referees oder auf Erhöhung des Seitenhonorars für die Autoren oder auf alles gleichzeitig drängen. Eine Verlagszeitschrift mit angesehenen Herausgebern wird sich schwerlich diesem Druck der Herausgeber entziehen können, denn angesehene Herausgeber können durchaus andere Verlage finden, die ein Interesse an der Herausgabe einer neuen Fachzeitschrift haben. Beispiele für einen derartigen Herausgeberwechsel sind freilich nicht bekannt.

Das Verhalten der Herausgeber gegenüber den Autoren ist auf Diversifikation und nicht auf Konzentration gerichtet. Ein Autor hat mithin eine nur geringe Chance, mehr als zwei Aufsätze pro Jahr in einer Fachzeitschrift unterzubringen. Auch die Analyse der Veröffentlichungen des „Dr. Miller" zeigt, daß er nur in einem einzigen Fachgebiet sechs Aufsätze in den zwei Fachzeitschriften des Verlages auf diesem Gebiet (Fachgebiet 4) unterbringen konnte.

20

Aus der Analyse des Herausgeberverhaltens kann man schließen, daß es eher die Vermehrung des Angebots an Fachzeitschriften als die Konzentration fördert.

c) Die Verlage

Dieses Verhalten können die Verlage ausnutzen, indem sie auf einem Fachgebiet mehr als eine Zeitschrift veröffentlichen. Auch gegenüber Fachzeitschriften anderer Verlage auf demselben Gebiet sind komplementäre Beziehungen nicht zu übersehen. Soweit die Nachfrager dieser Komplementarität nicht durch Abonnement aller Fachzeitschriften auf dem Gebiet in ihrem Institut oder privat Rechnung tragen können, kommt den Bibliotheken eine große Bedeutung für die Verlage zu, da sie im allgemeinen bestrebt sind, alle Fachzeitschriften auf dem Gebiet zu halten.

Die komplementäre Nachfrage der Bibliotheken sichert den Verlagen eine Mindestanzahl von Abonnements. Bei komplementärer Nachfrage ist auch die Vermutung, daß die Verlage joint profit maximization betreiben, größer als bei substitutiver Nachfrage.

Der Hinweis, daß die Marktanteile der einzelnen Fachzeitschriften im allgemeinen unter der vom Kartellgesetz aufgestellten Vermutungsgrenze für eine marktmächtige Stellung liegen, ist bei komplementärer Nachfrage auch nicht durchschlagend.

Abbildung 4 zeigt die Marktanteile der Fachzeitschriften eines führenden deutschen Verlages. Dabei werden drei Formen von Marktanteilen unterschieden:

1. Der Marktanteil bei allen Fachzeitschriften auf dem speziellen Fachgebiet.
2. Der Marktanteil bei den am häufigsten zitierten Aufsätzen.
3. Der Marktanteil bei allen Zitaten.

Auf dem Gebiet 13 haben die Fachzeitschriften des Verlages zwar den höchsten Marktanteil an allen Fachzeitschriften, ihr Anteil an den Top Papers ist jedoch deutlich niedriger, und noch geringer ist der Anteil bei den Zitaten. Auf dem Fachgebiet 48 dagegen ist der Marktanteil der Verlagszeitschriften nur rund 14 Prozent, der Anteil an den Zitaten liegt dagegen bei rund 30 Prozent.

Man kann daraus folgenden Schluß ziehen: Geht man entsprechend dem Kartellrecht von der Nachfragesicht bei der Bestimmung des relevanten Marktes aus, dann ist der relevante Markt der der Zitationen aus einem bestimmten Fachgebiet und nicht der der Fachzeitschriften selbst. Keine der Fachzeitschriften des in Abbildung 4 dargestellten Verlages erreicht auf diesem relevanten Markt einen Marktanteil, der die Vermutung einer dominanten Stellung rechtfertigen könnte.

IV. Das Preisverhalten

Die Behauptung der mißbräuchlichen Ausnutzung einer marktmächtigen Stellung stützt sich nicht unmittelbar auf den Marktanteilsvergleich, sondern auf den Preisvergleich und die Behauptung, daß der Verlag bei seinem Preisverhalten Wettbewerb nicht zu befürchten habe. Wir wenden uns daher nunmehr dem Preisverhalten des Verlages zu.

Die von dem Bibliotheksdirektor angestellte Berechnung des Preisspielraums, den der Verlag bei seiner Preissetzung offenbar habe, ist natürlich das, was man im allgemeinen

Abb. 4: Marktanteilsprofile großer deutscher Verlage

Abb. 4 a: Anteil an den führenden Fachzeitschriften

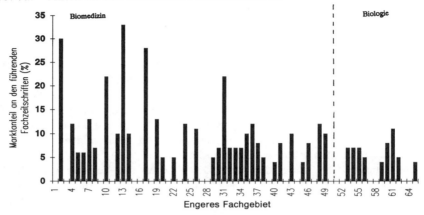

Abb. 4 b: Anteil an den meistzitierten Aufsätzen

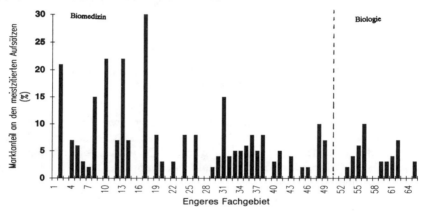

Abb. 4 c: Anteil an den Zitationen

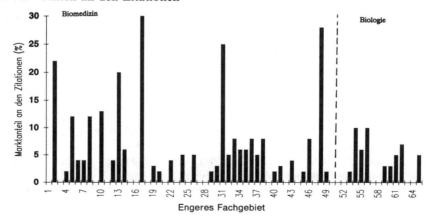

als eine „Milchmädchenrechnung" bezeichnet. Wir wollen im folgenden den Preisvergleich systematisch durchführen.

1. Abonnementspreis und Preis je Einheit Informationskosten

Die Beschwerde vergleicht die Preise für Jahresabonnements. Ein solcher Vergleich übersieht, daß Fachzeitschriften unterschiedlich häufig erscheinen und daß die Hefte unterschiedlich umfangreich sind. Er übersieht ferner, daß die Formate der Fachzeitschriften unterschiedlich sind und daß die Herstellungskosten je Normseite je nach Drucktechnik, Spezialsatz und Anzahl der Abbildungen unterschiedlich hoch sind. Als Kostenvergleichsmaßstab werden daher im allgemeinen die Kosten pro 1000 Zeichen verwendet. Abbildung 5 zeigt drei Preisvergleiche für das Jahr 1989 auf dem Bibliotheksmarkt für Fachzeitschriften.

Abbildung 5 zeigt, daß die Seitenpreise und die Preise je 1000 Zeichen insbesondere bei den ersten sechs Zeitschriften kaum voneinander abweichen, während die Abonnementspreise starke Unterschiede aufweisen. Die ersten drei Zeitschriften sind Zeitschriften des Verlages, denen mißbräuchliches Preisverhalten des Verlages vorgeworfen wird. Bei einem Vergleich der Preise je Seite und je 1000 Zeichen zeigt sich, daß der Vorwurf mißbräuchlich überhöhter Preise nicht aufrechterhalten werden kann.

2. Preis-Leistungs-Verhältnis

Nun sind aber derartige Preisvergleiche nur dann wissenschaftlich zulässig, wenn es sich bei den Vergleichsobjekten um homogene Güter handelt, also um Abonnements oder Seiten oder Zeichen. Tatsächlich sind Fachzeitschriften jedoch heterogene Güter. Die Preise für heterogene Güter sind nur dann vergleichbar, wenn man sie auf vergleichbare Nutzeneinheiten für den Verbraucher bezieht. Es sind also nicht Preise, sondern Preis-Leistungs-Verhältnisse zu vergleichen.

Abb. 5: Preisvergleich von Fachzeitschriften

Fachzeitschrift	Abonnements-preis DM	Preis pro Seite DM/S	Preis pro 1000 Zeichen DM/1000 Z
1	1769	0,37	0,10
2	799	0,35	0,09
3	766	0,32	0,09
4	687	0,56	0,10
5	528	0,37	0,10
6	383	0,40	0,09
7	278	0,78	0,16
8	270	0,22	0,07
Durchschnitt aller Zeitschriften	685	0,4213	0,0975
Durchschnitt der ersten drei Zeitschriften	1111	0,3467	0,0933
Abweichung in v.H.	+ 62,2	− 17,7	− 4,31

23

Abb. 6: Preis-Leistungs-Vergleich von Fachzeitschriften

Fachzeitschrift	Abonnements-preis DM	Preis je Aufsatz DM/Aufsatz	Impact Factor	Preis-Leistungs-Verhältnis
1	1769	12,64	2,10	6,01
2	799	11,75	1,73	6,79
3	766	9,58	1,39	6,88
4	687	6,25	1,57	3,98
5	528	10,56	1,44	7,33
6	383	9,58	1,50	6,39
7	278	5,56	0,89	6,25
8	270	3,97	0,50	7,94
Durchschnitt aller Zeitschriften	685	8,74	1,39	6,45
Durchschnitt der ersten drei Zeitschriften	1111	11,32	1,784	6,56
Abweichung in v.H.	+62,2	29,58	25,18	1,71

Die Leistung einer Fachzeitschrift, ihr „Kundennutzen" sozusagen, ist natürlich nicht leicht zu bestimmen. In der Beurteilung wissenschaftlicher Leistung setzt sich immer mehr der Citation Index durch. Der Nutzen einer wissenschaftlichen Zeitschrift wird gemessen im sogenannten Impact Factor. Das ist das Verhältnis aus der Anzahl der Zitate, die alle Aufsätze eines Zeitschriftenjahrganges im laufenden und im Folgejahr in allen in den Citation Index einbezogenen Publikationsorganen erhalten, bezogen auf die Gesamtzahl der Aufsätze. Das Preis-Leistungs-Verhältnis einer Fachzeitschrift ist dann der Preis je Aufsatz, dividiert durch den Impact Factor.

Abbildung 6 zeigt den Preis-Leistungs-Vergleich von Fachzeitschriften. Man erkennt, daß die Preise je Aufsatz der Zeitschriften des beschuldigten Verlages um durchschnittlich 30 Prozent über dem Durchschnittspreis je Aufsatz liegen, daß aber auch der Nutzen dieser Aufsätze für die Wissenschaft offenbar um 25 Prozent höher ist als der Durchschnittswert aller Aufsätze. Daher ist auch der Preis je Nutzeneinheit der Zeitschrift nur um knapp zwei Prozent höher als das durchschnittliche Preis-Leistungs-Verhältnis aller Fachzeitschriften.

Diese Überlegungen führen zu dem folgenden Ergebnis: Bei einem der Heterogenität von Fachzeitschriften angemessenen Preisvergleich läßt sich der Vorwurf mißbräuchlich überhöhter Preise der Fachzeitschriften des Verlages nicht aufrechterhalten.

3. Preisverhalten bei flexiblen Wechselkursen

Die Preisvergleiche sind auf DM-Basis vorgenommen worden. Der Verlag gibt den Abonnementspreis für Bezieher im Heimatland in Landeswährung, für ausländische Bezieher in DM an. Der Verlag teilt seinen ausländischen Beziehern die Abonnementspreise Anfang Dezember mit. Die Preise sind im voraus zu entrichten. Der Verlag legt seinen ausländischen Abonnementspreisen die Wechselkurse zu Anfang Dezember des Vorjahres (Zeitpunkt der Versendung der Bezugsbedingungen) zugrunde. In Zeiten der Aufwertung der DM macht daher der Verlag nach Ansicht der Bibliotheksdirektoren einen Währungsgewinn, wenn die Abonnementspreise vertragsgemäß gezahlt werden. Die Bibliotheksdirektoren hätten nur dann einen Währungsgewinn machen können, wenn sie in ausländischer Währung hätten abonnieren und verzögert zahlen können. Bei Zugrundelegung der durchschnittlichen Wechselkurse des Jahres wären also die Preisunterschiede der Fachzeitschriften des beschuldigten Verlages gegenüber den anderen Zeitschriften höher, als es in den knapp zwei Prozent zum Ausdruck kommt.

Ein Unternehmen versucht im allgemeinen, seine Ausgaben währungskongruent zu finanzieren. Es will nicht in Währung spekulieren. Daraus folgt, daß der Verlag die Abonnementserlöse umgehend in die Währung transferiert, in der seine Ausgaben im Laufe des Jahres anfallen. Das ist die Inlandswährung. Es ist daher unzulässig, dem Preisvergleich für die Entscheidung über eine angeblich mißbräuchliche Ausnutzung von Marktmacht die Jahresmittelkurse zugrunde zu legen. Eine Umrechnung zum Kurs am Tage des Vertragsangebots erscheint angemessen. Die Beschwerde wirft insoweit ein bezeichnendes Licht auf das Verhalten von Bibliotheksdirektoren: sie neigen offenbar selbst zur Währungsspekulation.

V. Marktergebnis

Von einem Informationsmonopol einzelner Fachzeitschriften auf dem Bibliotheksmarkt wird man also nicht sprechen können. Die Preise der Fachzeitschriften weisen, richtig berechnet, nur relativ geringe Abweichungen voneinander auf.

Damit ist die Frage jedoch nicht beantwortet, ob die Gleichheit der Preise von Fachzeitschriften auf hohe Wettbewerbsintensität unter den Zeitschriften schließen läßt oder nicht. Preisgleichheit kann bei Komplementarität der Produkte auch durch gemeinsame Gewinnmaximierung zustande kommen. Ein solches Verhalten wird bei preisunelastischer Nachfrage für einzelne Zeitschriften durch das Angebotsverhalten von Autoren und Herausgebern gefördert. Das wird durch die Preisbindung der zweiten Hand auf dem Buch- und Zeitschriftenmarkt sicherlich zusätzlich erleichtert. Doch diese Frage ist nicht Gegenstand dieser Untersuchung. Sie bleibt, wie es in jedem guten Aufsatz heißt, Gegenstand weiterer Forschung.

C. Schluß

Zu fragen bleibt, ob diese Überlegung über Informationsmonopole von Fachzeitschriften in eine noch engere Verbindung zum heutigen Ereignis gebracht werden könnte. Das wäre dann der Fall, wenn sich das Qualitätsurteil dieser Fakultät, das in dem Beschluß, mich zu ihrem Ehrendoktor zu machen, zum Ausdruck kommt, durch Anwendung der hier entwickelten Kriterien objektivieren ließe. Ein geeignetes Maß schiene mir das Gesamteinkommen als Universitätsprofessor dividiert durch die Gesamtzahl der Zitate in den dreißig Jahren meines Berufslebens. Wenn dieses Preis-Leistungs-Verhältnis unter 3000 DM läge, so könnte man eine solche Ehrung vielleicht für objektiv berechtigt ansehen.[1] Aber noch gibt es in der Betriebswirtschaftslehre weder einen verläßlichen Citation Index, noch haben Fakultäten oder Ministerien über Normen für die Leistungsbeurteilung von Hochschullehrern systematisch nachgedacht. Und ich glaube, das ist auch gut so. Das subjektive Urteil einer Fakultät sollte wohl doch nicht durch Ranking Lists ersetzt werden. Ich bin Ihnen dankbar dafür, daß Sie mich dieser akademischen Auszeichnung für würdig befunden haben und freue mich über dieses Zeichen objektiver Anerkennung meiner betriebswirtschaftlichen Arbeit und subjektiver freundschaftlicher Verbundenheit.

Anmerkungen

*   Vortrag gehalten anläßlich des Festkolloquiums bei der Verleihung des Grades eines Dr. h.c. durch die Universität Bielefeld am 25.09.1991.

1   Müller-Hill weist nach, daß die Kosten eines Zitats beim Max-Planck-Institut für Biochemie in München-Martinsried bei 5000 DM je Zitat liegen, beim Max-Planck-Institut für Molekulargenetik in Berlin bei 3500 DM und beim Institut für Genetik der Universität zu Köln bei 2400 DM.

Literatur

Vgl. Müller-Hill, Benno: Funding of Molecular Biology, in: Nature, Band 351, 2. Mai 1991, S. 11, hier: S. 12.

Zusammenfassung

Der Beitrag zeigt am Beispiel des Marktes für Fachzeitschriften auf, wie Preisvergleiche durchgeführt werden können. Zunächst werden die Kosten einer Zeitschrift normiert, sodann werden die Nutzenwerte von Zeitschriften bestimmt.

Die Produkteigenschaft von Zeitschriftenabonnements wird in dem Aufsatz untersucht. Die Nachfrage der Bibliotheken nach Zeitschriften ist eine abgeleitete Nachfrage. Sie leitet sich aus der Nachfrage der Fachgelehrten nach Informationen über wissenschaftliche Fortschritte ab. Diese Nachfrage kann durch eine Reihe von Substitutionsprodukten befriedigt werden. Es wird die These vertreten, daß Fachzeitschriften in Bibliotheken grundsätzlich keine dominante Stellung haben können.

Summary

The paper analyses the market of library subscriptions to scientific journals. Allegedly exorbitant prices and discriminatory pricing practices by publishing houses are shown to be competitive price strategies when price-benefit-ratios are computed properly. Demand by libraries for scientific journals is derived demand. Original demand is for information on scientific advances by scientists. The paper makes the point that such journals can never enjoy a dominant position in the market for scientific information.

Wettbewerbssituation und Unternehmenserfolg *

Empirische Analysen

Von Lutz Hildebrandt

Überblick

- In der Diskussion um die Existenz von „kausalen" strategischen Erfolgsfaktoren wird die Beziehung zwischen Marktanteil und Rentabilität – aufgrund widersprüchlicher empirischer Befunde – besonders kontrovers debattiert und die Erfolgswirkung des Marktanteils generell bezweifelt.

- Dieser Beitrag dokumentiert eine kausalanalytische Studie mit den PIMS-Daten zur Beziehung zwischen relativer Produktqualität, Marktanteil und Rentabilität (ROI). Im Gegensatz zu früheren Studien aus der PIMS-Forschung mit Querschnittsdaten werden hier Veränderungsdaten über fünf Jahre analysiert.

- Zwei Stichproben mit strategischen Geschäftseinheiten in unterschiedlicher Wettbewerbsposition (hoher versus geringer Marktanteil) dienen zur Prüfung eines komplexen Kausalmodells, das die Hypothesen zur Wirkungsweise der strategischen Erfolgsfaktoren repräsentiert. Im Zusammenhang des Modells zeigt sich, daß grundlegende Annahmen über die Erfolgswirkung von Produktqualität und Marktanteil nicht zurückzuweisen sind.

Abstract

Kaum eine der Hypothesen zur Wirkung von strategischen Erfolgsfaktoren hat soviel Beachtung gefunden, wie die Hypothese zum Einfluß des Marktanteils auf die Rentabilität. Dieser Zusammenhang, der auch mit den Daten der PIMS-Unternehmensdatenbank empirisch nachgewiesen wurde, wird von vielen Kritikern heute als Scheinkorrelation angesehen. Der vorliegende Beitrag untersucht den Zusammenhang zwischen Marktanteil und ROI mit Veränderungsdaten über einem Zeitraum von fünf Jahren unter Verwendung der Methodologie der Kausalanalyse. Die Analyse beruht auf Daten aus der PIMS-Datenbank. Das Kausalmodell der Studie schätzt die Wirkungsstruktur der Erfolgsfaktoren, „relative Produktqualität" und „Marktanteil" auf die „Rentabilität" (ROI) bei gleichzeitiger Kontrolle des „relativen Preises" und der „Kostenposition".

Durch eine differenzierte Analyse der Zusammenhänge zwischen den Variablen bei Unternehmen in unterschiedlichen Wettbewerbssituationen wird nachgewiesen, daß im Kontext des Modells ein Zusammenhang zwischen Marktanteil und Rentabilität existiert, dieser Effekt aber zu einem großen Anteil durch die moderierende Wirkung der Kontrollvariablen erzeugt wird. Die relative Produktqualität ist der wichtigste strategische Faktor zur Erhöhung des Marktanteils. Beim Vergleich von Unternehmen in unterschiedlicher Wettbewerbssituation ergibt sich, daß Marktanteilswachstum bei kleinen Unternehmen eine relativ größere Wirkung auf die Rentabilität hat als bei großen Unternehmen.

A. Einleitung

Der Forschungsansatz, der sich mit der PIMS-Unternehmensdatenbank verbindet, kann als dominierender Ansatz in der empirischen Strategieforschung der vergangenen zwei Dekaden angesehen werden. Nahezu alle Basishypothesen zur Existenz und Wirkung von strategischen Erfolgsfaktoren in der Unternehmens- und Marketingplanung beruhen auf den Befunden von PIMS-Analysen. Neben einfachen Aussagen zu einer Vielzahl von bivariaten Beziehungen zwischen prospektiven Erfolgsfaktoren und ROI beruhen die Kernbefunde der PIMS-Forschung auf den Ergebnissen eines multiplen, linearen Regressionsmodells. Dieses sogenannte PAR-ROI-Modell der PIMS-Forschung analysiert die quantitative Wirkung von 28 prospektiven Erfolgsfaktoren unter Einbeziehung von mehreren Wechselwirkungstermen und erklärt etwa 80% der Varianz des ROI. Die Parameter des Modells spiegeln die relative Bedeutung der Faktoren wider. Da mit dem Wachsen der Datenbank von 650 strategischen Geschäftseinheiten (SGE) im Jahre 1977 (vgl. Gale et al. 1977) auf heute etwa 3000 SGE die Parameter des PAR-ROI-Modells nahezu unverändert blieben, wird den PIMS-Befunden eine große Reichweite zugeschrieben (vgl. Buzzell und Gale 1987).

Neben den qualitativen Aussagen über die Art der Wirkung von einzelnen Erfolgsfaktoren im PAR-ROI-Modell, hat wohl der positive Zusammenhang zwischen Marktanteil und Rentabilität die größte Bedeutung erlangt. Die Tatsache, daß in der Datenbank ein strenger linearer Zusammenhang zwischen diesen Variablen zu beobachten war, führte zur quantitativen Aussage, daß mit einer Marktanteilserhöhung um 10 Prozentpunkte nach den Ergebnissen der PIMS-Forschung – quasi als Gesetzmäßigkeit – ein Wachstum des ROI um 3,5 Prozentpunkte zu erwarten ist (Buzzell und Gale 1987, Buzzell et al. 1975). Diese Interpretation, die implizit das Verfolgen einer Marktanteils-Wachstumsstrategie als Erfolgsgarant postuliert, hat zu einer Vielzahl von Einwänden gegen den PIMS-Ansatz geführt.

Heftig debattiert werden die Ergebnisse des PAR-ROI-Modells und insbesondere die Aussagen zur Wirkung des Marktanteils. Neben der allgemeinen Kritik an der Datenbasis (fehlende Repräsentativität, mangelnde Validität) und an den relativ unrealistischen Annahmen des quantitativen PAR-ROI-Modells (Anderson und Paine 1977) wird die Reichweite der Aussagen der PIMS-Forschung bezweifelt. Dabei werden insbesondere Einwände gegen die Existenz und die Interpretation der empirischen Beziehung zwischen Marktanteil und Rentabilität gemacht und die aus der Beziehung abgeleiteten Strategieempfehlungen in Frage gestellt. Drei unterschiedliche Auffassungen finden sich in der strategischen Erfolgsfaktorenforschung.

Porter (1980) geht von einer Beziehung zwischen den Variablen aus, vermutet aber statt eines linearen Zusammenhangs eine U-förmige Beziehung zwischen Marktanteil und Rentabilität. Seine auf Fallstudien beruhenden Aussagen münden in der Strategieempfehlung, daß Unternehmen, wollen sie erfolgreich sein, entweder eine Nischen-Position oder die Marktführerschaft anzustreben haben. Eine empirische Analyse der PIMS-Querschnittsdaten von Schwalbach (1989) konnte die von Porter postulierte Beziehung jedoch nicht bestätigen. Allerdings bezog Porter seine Aussagen auf Unternehmen und nicht auf strategische Geschäftseinheiten.

Um die PIMS-Aussagen zu widerlegen, untersuchten Woo und Cooper (1982, 1984) in mehreren empirischen Analysen erfolgreiche Unternehmen mit geringen Marktanteilen. Es gelang ihnen, 41 erfolgreiche Unternehmen aus den PIMS-Daten zu selektieren und typische Erfolgsstrategien zu beschreiben. Sie konnten zwar auf diese Weise nachweisen, daß auch Geschäftseinheiten mit kleinen Marktanteilen übernormale Gewinne erwirtschaften können, aber durch die gezielte Auswahl der Untersuchungseinheiten bleibt die Reichweite ihrer Aussagen eingeschränkt und die Ergebnisse sind kaum zu verallgemeinern.

Bedeutsamer sind die Einwände von Jacobson und Aaker (1985) sowie Jacobson (1990), die sich gegen die Methodik der Datenanalyse im PIMS-Forschungsansatz richten. Sie bezweifeln, daß Marktanteil überhaupt eine kausale Wirkung hat und vermuten eine Scheinkorrelation hinter der Beziehung zwischen den beiden Faktoren. In einer Serie von Analysen mit einem stochastischen Modellansatz und Zeitreihendaten aus der PIMS-Jahresdatenbank (SPIYR) gelingt es Ihnen zu zeigen, daß der Marktanteilseffekt bei einigen theoretisch begründeten Modellspezifikationen verschwindet. Aus diesen Ergebnissen schließen sie, daß unbeobachtbare Einflußgrößen wie „Fähigkeiten des Managements" oder Zufallsfaktoren wie „Glück" die wahren Ursachen des Unternehmenserfolgs sind.

Geht man von der Tatsache aus, daß mit der Methodologie dieses Forschungsansatzes auch widersprüchliche Ergebnisse erzielt wurden (vgl. Jacobson 1990, Boulding 1990), so besteht die Möglichkeit, daß es sich bei den Befunden um ein reines Methodenartefakt handelt. Gleichwohl ist die Kontrolle nicht beobachtbarer Management-Faktoren eine wichtige Voraussetzung für die Validität von Erfolgsfaktoren-Analysen. Da aber Zufallsfaktoren für die praktische Strategieplanung nicht „handhabbar" sind, sollten Erfolgs-faktoren-Modelle auf theoretisch begründeten und meßbaren strategischen Variablen beruhen.

Zur Analyse von strategischen Erfolgsfaktoren wird deshalb der Kausal-Indikatoren-Ansatz als tragfähiger angesehen. Er baut auf theoretischen Annahmen und explizit gemessenen Indikatoren von strategischen Planungsfaktoren auf, verknüpft Annahmen, Indikatoren und Faktoren zu einem Modell, welches anhand von empirischen Daten zu testen ist. Ergebnis ist eine Parameterstruktur, die für das zugrundeliegende Modell die relative Wirkung der prospektiven Erfolgsfaktoren aufzeigt. Durch Aufnahme von theoretisch begründeten Kontrollvariablen in die Modellstruktur wird zusätzlich deren Einfluß auf die untersuchten Beziehungen sichtbar und Scheinbeziehungen werden aufgedeckt.

B. Ziele der Studie

Die hier durchgeführte Studie verfolgt zwei Zielsetzungen. Erstens soll die Marktanteil-Rentabilität-Beziehung in einem kausalen Netzwerk getestet werden. Als Grundlage dienen die Hypothesen eines Kausalmodells von Phillips et al. (1983), das in einer modifizierten Form getestet wird (vgl. Hildebrandt und Buzzell 1991). Kern dieses Modells ist die Beziehung zwischen „relativer Produktqualität", „Marktanteil", „relativen Preis", „relativen Kosten" und „Rentabilität". Dabei geht es um die Aufdeckung der kausalen Wirkungsstruktur der Basiserfolgsfaktoren Produktqualität und Marktanteil im Modell. Für die Marktanteil-Rentabilität-Beziehung wird geprüft, ob die klassische Auffassung zur Wirkung der strategischen Erfolgsfaktoren Marktanteil und Kostenposition in den Daten wiederzufinden ist (vgl. Scherer 1980) und ob ein kausaler Effekt des Marktanteils auf die Rentabilität vorliegt.

Zweitens sollen die Modellhypothesen bei Geschäftseinheiten in unterschiedlicher Wettbewerbssituation – hier berücksichtigt durch die Größe des Marktanteils der Geschäftseinheiten im bedienten Markt – getestet werden. In der Analyse wird versucht, die Auffassung von Porter (1980) über die Wirkungen des Marktanteils bei Unternehmen mit schwacher Marktposition zu widerlegen.

Die grundlegende Struktur des Kausalmodells ist vereinfacht in Abbildung 1 wiedergegeben. Jeder Pfad ist als eine Vorzeichen (je-desto) Hypothese aufzufassen. In der Modellstruktur dient z.B. der Marktanteil als Moderator-Variable für den Einfluß von relativer Produktqualität auf die Rentabilität. Für die Beziehung zwischen Marktanteil und Rentabilität wird postuliert, daß sowohl direkte als auch indirekte Wirkungen existieren. Es wird angenommen, daß der bedeutsamste Einfluß indirekter Art ist, wobei ein Wachsen des Marktanteils zu einer Verminderung der relativen Kosten führt, die wiederum – ceteris paribus – eine höhere Gewinnrate erzeugen. Diese Hypothese wird als Basis für die theoretische Begründung des Marktanteilseffekts angesehen (vgl. Scherer 1980, Gale 1971). Der Wirkungsbeziehung über die relativen Preise kommt im Modell eher einer Kontrollfunktion zu.

Gegenüber den existierenden Studien zur Analyse der Beziehung zwischen Marktanteil und Rentabilität (Phillips et al. 1983, Jacobson und Aaker 1985, Ravenscraft 1983,

Abb. 1: Die Struktur des Kausalmodells

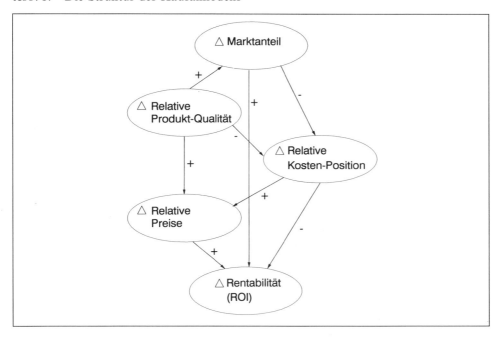

Prescott et al. 1986, Jacobson 1990) beruht die Studie auf insgesamt vier theoretischen/ methodischen Erweiterungen: 1. Um die Wirkung der strategischen Erfolgsfaktoren für eine strategische Planungsperiode zu erfassen, werden Veränderungsdaten über eine Fünf-Jahresperiode analysiert. Nahezu alle existierenden Marktanteils-Studien beruhen auf gepoolten Querschnittsdaten oder Jahresdaten. 2. Die relative Kostenposition wird in der Mehrzahl der PIMS-Studien als exogener Faktor behandelt (vgl. z.B. Jacobson und Aaker 1985, Gale et al. 1977). Den theoretischen Grundlagen zufolge ist die relative Kostenposition aber für relative Qualität und Marktanteil eine endogene Größe. Diese Auffassung wird explizit berücksichtigt. Zusätzlich werden mehrere Indikatoren für die Kostenposition in das Modell eingeführt. 3. Jede Variable wird in zwei aufeinanderfolgenden Perioden gemessen, so daß es möglich wird, auch die Reliabilitäten der PIMS-Differenzdaten zu schätzen. 4. In der Kausalanalyse mit der Strukturgleichungsmethodologie werden neben den direkten Wirkungen auch die indirekten Wirkungen der strategischen Erfolgsfaktoren auf die Rentabilität geschätzt.

Bei der Datenanalyse wird das Programm LISREL VII von Jöreskog und Sörbom (1989) eingesetzt, dessen Indizierung für die Darstellung der Modellstruktur übernommen wird. Die in der Studie angewandte Maximum-Likelihood-Schätzung der Modell-Parameter beruht auf relativ strengen Annahmen (z.B. multivariate Normalverteilung) über die Daten. Diese Anforderungen werden von den PIMS-Daten nur unzureichend erfüllt, so daß die vom Programm durchgeführten Signifikanz-Tests für die Modellanpassung als Fit-Indizes interpretiert werden.

31

C. Modellstruktur und Daten

I. Die Hypothesen des Modells

Die vollständige Struktur des getesteten Kausalmodells ist in Abbildung 2 wiedergegeben. Im Gegensatz zu Phillips et al. (1983) berücksichtigt es fünf unterschiedliche Indikatoren für die Veränderung der Kostenposition. Da es sich um Veränderungsdaten handelt, sind die Variablen jeweils durch ein Δ gekennzeichnet. Im einzelnen sind dies die Änderung der relativen direkten Stückkosten, der Kapazitätsnutzung, der Arbeitsproduktivität und die Änderungen in dem Verhältnis von Fertigungskosten zu Umsatz und Marketingkosten zu Umsatz. Dem Modell liegen folgende Hypothesen zugrunde:

H1: Die Verbesserung (Verschlechterung) der relativen Produktqualität führt zu steigendem (fallendem) ROI ($\gamma_{81} > 0$).

H2: Die Verbesserung (Verschlechterung) der relativen Produktqualität führt zu steigenden (sinkenden) relativen Preisen ($\gamma_{21} > 0$).

H3: Die Verbesserung (Verschlechterung) der relativen Produktqualität führt zu wachsendem (schrumpfendem) Marktanteil ($\gamma_{11} > 0$).

Insgesamt wird angenommen, daß Unternehmen, denen es gelingt, einen Qualitätsvorsprung zu entwickeln, auch höhere Preise realisieren können, und über die Gewinnung von Marktanteilen ihre Gewinne vergrößern:

H4: Wachsender (schrumpfender) Marktanteil führt zu fallenden (steigenden) relativen direkten Kosten pro Einheit ($\beta_{31} < 0$) und einer Verringerung des Verhältnisses von Fertigungskosten und Marketingkosten zu Umsatz ($\beta_{61} < 0$, $\beta_{71} < 0$).

H5: Wachsender (schrumpfender) Marktanteil führt zur Verbesserung (Verschlechterung) der Kapazitätsauslastung ($\beta_{41} > 0$) und der Produktivität ($\beta_{51} > 0$).

Diese beiden Hypothesen sind zentral in der Diskussion um die Wirkungsweise des Marktanteils. In der klassischen Auffassung werden Erfahrungs- und Skaleneffekte die Basiswirkung zugeschrieben, die sich hier in fünf unterschiedlichen Indikatoren für die Kostenposition im bedienten Markt niederschlagen soll. Im strengen Sinne ist dabei die Kapazitätsauslastung kein strategischer Faktor, beeinflußt aber die relativen direkten Kosten. Annahmen über den Einfluß der Kostenposition auf die Rentabilität werden in den beiden folgenden Hypothesen gemacht:

H6: Steigende (fallende) relative direkte Kosten und steigende (fallende) Verhältnisse von Marketingkosten und Fertigungskosten zu Umsatz führen zu sinkendem (steigendem) ROI ($\beta_{83} < 0$, $\beta_{86} < 0$, $\beta_{87} < 0$).

H7: Verbesserung (Verschlechterung) der Kapazitätsauslastung und der Produktivität führt zu steigendem (fallendem) ROI ($\beta_{84} > 0$, $\beta_{85} > 0$).

Neben den in Hypothese H3 bis H7 postulierten indirekten Effekten des Marktanteils auf die Rentabilität wird auch eine direkte Wirkung angenommen:

H8: Wachsender (schrumpfender) Marktanteil führt zu steigendem (sinkendem) ROI ($\beta_{81} > 0$).

32

Abb. 2: Das spezifizierte Kausalmodell

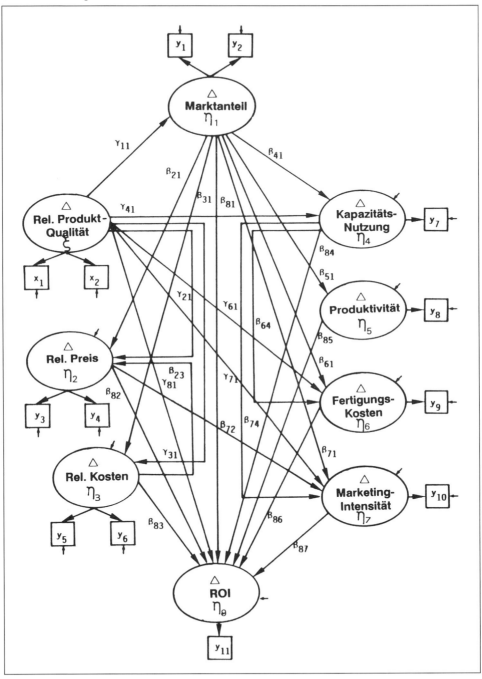

Der direkte Effekt des Marktanteils kann das Ergebnis risikoreduzierender Strategien der Kunden sein oder eine Präferenz für den Marktführer (vgl. Gale 1971).

II. Die Daten

Die Daten zum Test des Modells sind der PIMS-Jahresdatenbank (SPIYR) entnommen. Um die Veränderungen der strategischen Faktoren über eine Fünf-Jahresperiode mit multipler Messung zu erfassen, wurden strategische Geschäftseinheiten selektiert, die Daten für sechs aufeinanderfolgende Jahre bereitgestellt hatten. Insgesamt 1108 PIMS-Geschäftseinheiten erfüllten das Kriterium. Diese Gesamtheit wurde in Teilstichproben zerlegt, die nach dem Kriterium „Größe des Marktanteils" jeweils dem unteren oder oberen Drittel der Geschäftseinheiten in der gesamten Datenbank zuzuordnen waren. Als Schranke für Geschäftseinheiten mit starker Marktposition ergab sich ein Marktanteil größer 28,01 (n = 384) und für Geschäftseinheiten mit schwacher Marktposition ein Marktanteil kleiner 12,99 (n = 315).

In die Modellanalyse gingen insgesamt neun strategische Faktoren ein, deren PIMS-Definitionen in Tabelle 1 erklärt werden. Zur Berechnung der Veränderungen wurde wie folgt vorgegangen: Die Indikatoren der strategischen Faktoren wurden als Differenz zwischen zwei Fünf-Jahreszeitpunkten berechnet, wobei jeweils zwei Messungen vorliegen: z. B. $\Delta\text{Qual}_1 = \text{Qual}_t - \text{Qual}_{t-4}$ für die erste Fünf-Jahresperiode und $\Delta\text{Qual}_2 = \text{Qual}_{t-1} - \text{Qual}_{t-5}$ für die zweite Fünf-Jahresperiode.

Für den Modelltest wurden Daten, die aus persönlichen Schätzungen des Managements stammen, als „weiche" Daten angesehen und hier die Reliabilitäten explizit geschätzt. Dies galt für die Indikatoren von relativer Produktqualität, relativen Kosten und Preisen, sowie den Marktanteil. Bei Daten, die aus der Finanzbuchhaltung stammen

Tab. 1: Definition der Variablen in der Studie

Abhängige Variable	
Δ ROI	ROI = Nettogewinn der GE vor Steuern und Zinsen – als Prozent des investierten Kapitals
Unabhängige Variable	
Δ Rel. Qualität	Relative Produktqualität = % verkaufter Produkte, die dem Wettbewerber überlegen sind minus % unterlegener Produkte
Moderierende Variable	
Δ Marktanteil	Marktanteil = Prozentanteil des Umsatzes der GE am Umsatz im bedienten Markt
Δ Rel. Preis	Relativer Preis = Index der Preise einer GE (Durchschnitt der stärksten Wettbewerber = 100)
Δ Rel. Kosten	Relative Kosten = Index der direkten Kosten einer GE (Durchschnitt der stärksten Wettbewerber = 100)
Δ Kapazitätsnutzung	Umsatz als Prozent der Kapazität
Δ Produktivität	Wertschöpfung pro Beschäftigten in konstanten Geldeinheiten
Δ Fertigungskosten	Fertigungskosten als Prozent vom Umsatz
Δ Marketingintensität	Marketingkosten als Prozent vom Umsatz

(Produktivität, Marketing-Intensität etc.) wurde angenommen, daß hier kein personen-spezifischer Erhebungsfehler vorliegt. Für diese Variablen wurden die Differenzwerte über zwei Fünf-Jahresperioden gemittelt. Die gleiche Prozedur wurde auch für die Berechnung des ROI durchgeführt (vgl. Abbildung 2).

III. Die Spezifikation des Kausalmodells

Die Schätzung der Parameter des Modells erfolgt in LISREL VII auf der Grundlage der Kovarianzmatrizen. Je nach Art der Daten können kleinste Quadrate (ULS, GLS) oder die Maximum-Likelihood-Methode (ML-Schätzung) eingesetzt werden (Jöreskog und Sörbom 1989). Die ML-Schätzung berechnet Teststatistiken für das Gesamtmodell und einzelne Parameter. Wenn ein Modell nach den zugrundegelegten Fit-Indizes akzeptabel ist, können über die Parameter der standardisierten Lösung die indirekten und totalen Effekte der strategischen Erfolgsfaktoren ermittelt werden.

Das Erfolgsfaktoren-Kausalmodell enthält vier Variablen mit jeweils zwei Indikatoren zur Schätzung des Meßfehleranteils und fünf Variablen, von denen angenommen wird, daß sie meßfehlerfrei sind. Die Indizierung in lateinischer und griechischer Nomenklatur macht die Unterschiede zwischen der Beobachtungsebene und der theoretischen Ebene deutlich. Die Parameter der Meßstruktur werden über Faktormodelle geschätzt. Die theoretische Kausalstruktur ist in LISREL wie folgt spezifiziert:

$$\eta = \mathbf{B}\eta + \Gamma\xi + \zeta$$

wobei

$\mathbf{B}$ die Matrix der Beziehungen zwischen den endogenen Faktoren η ist

Γ die Matrix der Beziehungen zwischen den exogenen Faktoren ξ und den endogenen Faktoren η ist, und

ζ die Fehler in den Kausalbeziehungen zwischen den latenten Faktoren η und ξ sind.

In dieser Kausalstruktur ist die Matrix Γ als ein Spaltenvektor mit acht Elementen zu spezifizieren; der Koeffizient für den Einfluß der Qualität auf die Produktivität (γ_{15}) war in allen getesteten Modellen nicht signifikant und wurde deshalb hier per Annahme auf Null gesetzt. Die Matrix $\mathbf{B}$, die die Beziehung zwischen allen endogenen Faktoren bestimmt, hat die Struktur

$$\mathbf{B} = \begin{bmatrix} \cdot & \cdot & \cdot & \cdot & \cdot & \cdot & \cdot & \cdot \\ \beta_{21} & \cdot & \beta_{23} & \cdot & \cdot & \cdot & \cdot & \cdot \\ \beta_{32} & \cdot & \cdot & \cdot & \cdot & \cdot & \cdot & \cdot \\ \beta_{41} & \cdot & \cdot & \cdot & \cdot & \cdot & \cdot & \cdot \\ \beta_{51} & \cdot & \cdot & \cdot & \cdot & \cdot & \cdot & \cdot \\ \beta_{61} & \cdot & \cdot & \beta_{64} & \cdot & \cdot & \cdot & \cdot \\ \beta_{71} & \cdot & \cdot & \beta_{74} & \cdot & \cdot & \cdot & \cdot \\ \beta_{81} & \beta_{82} & \beta_{83} & \beta_{84} & \beta_{85} & \beta_{86} & \beta_{87} & \cdot \end{bmatrix}$$

Alle Elemente, die in der Matrix durch einen Punkt dargestellt sind, wurden zur Schätzung auf den Wert Null restringiert. Die Schätzung der Parameter des Modells erfolgte dann in drei Schritten.

D. Ergebnis der Studie

I. Modellanpassung und Reliabilitäten

Zunächst wurde die Struktur des Modells in Abbildung 2 geschätzt. Dann erfolgte eine zweite Schätzung mit Berücksichtigung einer Meßfehlerkorrelation. Diese Vorgehensweise war notwendig, da sich in vorangegangenen Analysen gezeigt hatte, daß bei Faktoren, die konzeptionell verbunden waren (hier relative Preise und relative Kosten), systematische Fehler zu beobachten waren (vgl. Hildebrandt 1989). Beide Schätzungen erfolgten mit der Maximum-Likelihood-Methode. Zur Kontrolle auf Stabilität wurden die gleichen Modelle in einem dritten Schritt mit der ULS-Methode geschätzt. Dies geschah um zu prüfen, ob die zum Teil auf ordinalem Niveau gemessenen Variablen bei der ML-Schätzung stabile Ergebnisse lieferten. Diese Schätzung erzielte bei allen Untersuchungsstichproben nahezu die gleichen Ergebnisse, so daß die Ergebnisse der ML-Schätzung akzeptiert wurden. Bei der Interpretation werden die ULS-Schätzer deshalb vernachlässigt. Die Fit-Indices zur Beurteilung der Modellanpassungen sind in Tabelle 2 zusammengestellt.

Tab. 2: Die Fit-Indizes der Modelle

Stichprobe	n	Chi^2	df	p	GFI	Δ	ϱ
Gesamt	1108	58,5	44	0,07	0,99	0,99	0,98
großer Marktanteil	389	50,1	45	0,28	0,98	0,97	0,95
geringer Marktanteil	315	59,1	45	0,08	0,97	0,95	0,91

Die Chi^2-Test in LISREL ist so zu interpretieren, daß mit einer Mindest-Wahrscheinlichkeit $p > 0,05$ – unter der Annahme, daß das „wahre" Modell vorliegt – ein größerer Chi^2-Wert zustandekommt. Je größer p, desto vertrauenswürdiger ist die Modellstruktur. Da der allgemein bei LISREL-Analysen eingesetzte Chi^2-Test von der Größe der Stichprobe abhängt, wurden neben dem in LISREL VII vorhandenen Fit-Maß GFI als Ergänzung Bentler und Bonnets Δ und das Maß ϱ von Tucker und Lewis berechnet (vgl. Bentler und Bonnet 1981). Als Akzeptanzschwellen für GFI und Δ gelten 0,95 und 0,90 für ϱ. Geht man von diesen Akzeptanzschwellen aus, dann sind die geschätzten Modelle akzeptabel. Bei allen Untersuchungsstichproben werden die vorgegebenen Schwellenwerte überschritten.

Die Untersuchung der Faktorstruktur in den Modellen zeigt ebenfalls gute Ergebnisse. Für die Meßbeziehungen in den Modellen ergeben sich Reliabilitäten bei den auf subjektiven Einschätzungen beruhenden Variablen zwischen $\lambda_{ij}^2 = 0,53$ als minimalen Wert und $\lambda_{ij}^2 = 0,94$ als maximalen Wert. Legt man die in der Psychometrie üblichen Akzeptanzschwellen zugrunde, dann sollten mindestens 50% der Varianz einer beobachteten Variable auf den dahinterliegenden Faktor zurückzuführen sein (Fornell und Larker 1981). Alle Indikatoren erfüllen dieses Kriterium, allerdings mußte bei der Schätzung jeweils einer der Indikatoren des relativen Preises in den zulässigen Parameterraum restringiert werden (vgl. Jöreskog 1970).

II. Die Wirkungsstruktur der Erfolgsfaktoren

Gemäß den Zielsetzungen der Untersuchung wird zunächst auf die direkten Einflüsse der Basisfaktoren in den unterschiedlichen Stichproben (Wettbewerbssituationen) eingegangen. Es sei hier darauf hingewiesen, daß es sich bei den Werten in Tabelle 3 um standardisierte Regressions-Koeffizienten (Pfadkoeffizienten) handelt. Die Parameterwerte spiegeln deshalb nur die relative Bedeutung der Einflußgrößen in den Untersuchungsstichproben wider. Die absolute Stärke des Einflusses der Faktoren auf ROI kann deshalb zwischen den Gruppen nicht verglichen werden.

Anhand des Musters der Parameter für die direkten Effekte der relativen Produktqualität kann festgestellt werden, daß sich nur bei der ersten Hypothese ein klares Ergebnis zeigt. Danach führen die Änderungen in der Produktqualität in allen Untersuchungsstichproben zu signifikanten Änderungen im Marktanteil, d.h. Verbesserungen in der relativen Produktqualität führen zum Zuwachs beim Marktanteil. Der Parameter (γ_{11}) ist in allen Stichproben der jeweils größte direkte Effekt der Produktqualität, woraus zu schließen ist, daß die Produktqualität ein kausaler Faktor für Marktanteilsgewinne ist. Die Wirkung der relativen Produktqualität auf den ROI (γ_{81}) ist dagegen nur in einem Fall (Geschäfteinheiten mit hohem Marktanteil) schwach signifikant von Null verschieden und positiv. Eindeutiger ist dagegen der Effekt auf den relativen Preis (γ_{21}). Dieser ist in der Gesamtstichprobe und bei Geschäften mit hohem Marktanteil signifikant, aber nicht bei Geschäften mit geringerem Marktanteil. Das führt zu der Vermutung, daß Geschäftseinheiten mit großem Marktanteil relative Qualitätsvorteile zur Durchsetzung

Tab. 3: Direkte Effekte der Basisvariablen in den Kausalmodellen (ML-Schätzer)

Direkte Effekte	Parameter	Gesamt-sample	Hoher absoluter Marktanteil	Geringer absoluter Marktanteil
Qualität auf:				
Marktanteil	γ_{11}	0,26[a]	0,28[a]	0,22[a]
Relativer Preis	γ_{21}	0,13[a]	0,14[a]	0,09
Relative Kosten	γ_{31}	−0,10[a]	−0,11[a]	−0,16[a]
Kapazitätsnutzung	γ_{41}	0,04	0,09[b]	0,04
Fertigungskosten	γ_{61}	−0,03	0,04	−0,01
Marketing-Intensität	γ_{71}	−0,01	0,00	0,02
ROI	γ_{81}	0,04	0,09[b]	0,01
Marktanteil auf:				
Relativer Preis	β_{21}	0,00	0,06	0,01
Relative Kosten	β_{31}	−0,07[b]	0,04	−0,15[a]
Kapazitätsnutzung	β_{41}	0,20[a]	0,09	0,28[a]
Produktivität	β_{51}	0,13[a]	0,11[b]	0,16[a]
Fertigungskosten	β_{61}	−0,05	0,00	−0,13[a]
Marketing-Intensität	β_{71}	−0,08[a]	−0,15[a]	−0,04
ROI	β_{81}	0,05[b]	0,05	0,13[a]

[a] Signifikant $\alpha < 0,5$.
[b] Signifikant $0,5 < \alpha < 0,10$.

höherer Preise nutzen, während bei Geschäftseinheiten in schwacher Wettbewerbsposition diese Strategie nicht nachzuweisen ist. Bedeutsam bei der Interpretation des Einflusses der relativen Produktqualität ist auch der negative Koeffizient bei den relativen Kosten (γ_{31}). Hier ist zu vermuten, daß Qualitätsverbesserungen auch zu fallenden relativen Kosten führen; ein Ergebnis, daß die Auffassung von Fine (1986) über die Existenz einer sog. Qualitäts-Lernkurve stützt.

Während sich beim direkten Einfluß der relativen Produktqualität nur Unterschiede bei der Wirkung auf den Preis ergeben, weicht die Einflußstruktur des Marktanteils auf die moderierenden Variablen und auf den ROI zwischen den Untersuchungsstichproben erheblich voneinander ab. Das Ergebnis, daß Marktanteil zu einer Veränderung der Kostenposition führt (H4 und H5), zeigt sich klar in der Gesamtstichprobe (signifikante Effekte bis auf Fertigungskosten) aber völlig unterschiedlich in den Stichproben mit großem und geringem Marktanteil. Die Parameterstruktur des Modells macht deutlich, daß bei Geschäften mit geringem Marktanteil ein Wachstum des Marktanteils zu Kostendegressions- oder Lerneffekten führt. Bis auf die Marketingintensität (β_{71}) indizieren alle Parameter hochsignifikante Einflüsse ($\beta_{31} - \beta_{61}$). Besonders stark wirkt sich eine Marktanteilsveränderung auf den Kapazitätsnutzungsgrad (0,28) aus, was darauf hinweist, daß kleine Unternehmen bei steigender Nachfrage mit der Auslastung ungenutzter Kapazitäten, also eher risikoscheu reagieren.

Bei Unternehmen mit großem Marktanteil verursacht Marktanteilswachstum dagegen eine Verminderung der Marketingausgaben (0,15) und zu einem geringeren Grad eine Produktivitätssteigerung (0,11). Die Analyse der direkten Effekte von Marktanteil und relativer Produktqualität zeigt deutlich, daß Marktanteilsgewinne (Verluste) bei Unternehmen in unterschiedlichen Wettbewerbssituationen verschiedene kausale Wirkungen haben, und die direkten Einflüsse keine Aussage über ihre Rentabilitätsbeeinflussung zulassen.

Zur Beurteilung der Gesamtwirkung der hier untersuchten Basiserfolgsfaktoren, relative Produktqualität und Marktanteil, ist deshalb neben den direkten Wirkungen auf den relativen Preis und die Kostenposition auch der Einfluß dieser moderierenden Variablen auf den ROI zu untersuchen (H6 und H7). Die Tabelle 4 zeigt die Wirkungsstruktur der Variablen.

Zunächst ist festzustellen, daß die Parameter der Einflußfaktoren für alle Untersuchungsstichproben die erwarteten Effekte auf die Rentabilität hatten. Für relative direkte Kosten, Marketing-Intensität und Fertigungskosten, ergaben sich erwartungsgemäß negative Koeffizienten, die – bis auf die fehlende Signifikanz der relativen Kosten bei Geschäften mit hohem Marktanteil – die Hypothese H6 ($\beta_{83} < 0$, $\beta_{86} < 0$, $\beta_{87} < 0$) für alle Untersuchungsstichproben nicht widerlegen. Gleiches gilt für die Einflüsse von Kapazitätsauslastung und Produktivität bei denen positive und signifikante Einflüsse vermutet wurden ($\beta_{84} > 0$, $\beta_{85} > 0$). Alle Parameter hatten die erwarteten Strukturen. Auch untereinander waren die Wirkungsbeziehungen zwischen den Faktoren plausibel und hatten erwartungsgemäße Vorzeichen.

Während aus diesen Ergebnissen deutlich zu erkennen ist, daß eine Veränderung der Kosten-Position den ROI erhöht oder vermindert, so hat der relative Preis nur bei Unternehmen mit geringem Marktanteil einen signifikanten Einfluß ($\beta_{84} = 0,16$) auf die Rentabilität. Daraus läßt sich der Schluß ziehen, daß große Unternehmen über Quali-

Tab. 4: Die Wirkung moderierender Variablen in den Kausalmodellen (ML-Schätzer)

Direkte Effekte	Parameter	Gesamt-sample	Hoher absoluter Marktanteil	Geringer absoluter Marktanteil
Relativer Preis auf:				
Marketing-Intensität	β_{72}	−0,03	−0,06	0,04
ROI	β_{82}	0,03	−0,06	0,13[a]
Relative Kosten auf:				
Relativer Preis	β_{23}	0,16[a]	0,30[a]	0,06
ROI	β_{83}	−0,11	−0,09	−0,09[b]
Kapazitätsnutzung auf:				
Fertigungskosten	β_{64}	−0,19[a]	−0,30[a]	−0,22[a]
Marketing-Intensität	β_{74}	−0,20[a]	−0,21[a]	−0,24[a]
ROI	β_{84}	0,16[a]	0,14[a]	0,08[b]
Produktivität	β_{85}	0,12[a]	0,12[a]	0,13[a]
Fertigungskosten	β_{86}	−0,34	−0,34[a]	−0,30[a]
Marketing-Intensität auf ROI	β_{87}	−0,25[a]	−0,24[a]	−0,29[a]

[a] Signifikant $\alpha < 0,5$.
[b] Signifikant $0,5 < \alpha < 0,10$.

tätsverbesserungen zwar höhere Preise realisieren, diese aber nicht unbedingt zu einer Verbesserung der Gewinnmarge nutzen können.

Insgesamt wird aus den Befunden deutlich, daß bei Unternehmen mit geringem und großem Marktanteil den Basiserfolgsfaktoren Produktqualität und Marktanteil eine völlig unterschiedliche kausale Wirkungsstruktur zugrundeliegt. Während bei Unternehmen mit großem Marktanteil der direkte Effekt der relativen Produktqualität die maßgebliche Rolle bei der Rentabilitätssteigerung spielt, und keine klare kausale Struktur der Wirkungsweise moderierender Faktoren vorzufinden ist, kommt den Kostenfaktoren bei Unternehmen mit geringem Marktanteil die maßgebliche Bedeutung zur Verbesserung der Rentabilität über Marktanteilswachstum zu. Inwieweit die Basiserfolgsfaktoren relative Produktqualität und Marktanteil insgesamt einen Einfluß auf die Rentabilität haben, läßt sich über die Einzeleffekte berechnen.

Auf der Grundlage der Pfadkoeffizienten in Tabelle 3 und 4 lassen für jede Variable über die direkten Effekte die indirekten Effekte auf den ROI ermitteln. Die Summe der indirekten Effekte und des direkten Effektes ergibt dann den totalen Effekt. Die Wirkungskoeffizienten sind in Tabelle 5 zusammengefaßt.

Die Ergebnisse lassen zwei Schlußfolgerungen zu. Erstens, zur Wirkung der Basiserfolgsfaktoren kann festgestellt werden, daß in allen Stichproben ein signifikanter Effekt von relativer Produktqualität und Marktanteil auf die Rentabilität vorliegt. Dieser Effekt wird aber zu einem erheblichen Teil über indirekte Einflüsse durch die moderierenden Variablen erzielt. Der indirekte Effekt des Marktanteils ist in allen Untersuchungsstichproben signifikant und umfaßt dabei mehr als 50 Prozent der Gesamtwirkung. Legt man die bei Scherer (1980) postulierte Kosteneffekte von Marktanteilszuwächsen zugrunde, dann kann hier der Befund von Jacobson und Aaker (1985) nicht gestützt wer-

Tab. 5: Direkte und moderierte Einflüsse von Qualität und Marktanteil auf ROI

Einflüsse von	Gesamt-Stichprobe	Hoher absoluter Marktanteil	Geringer absoluter Marktanteil
Qualität			
Direkte	0,04	0,09 [b]	0,01
Moderierte	0,08 [a]	0,04	0,09 [a]
Gesamt	0,12 [a]	0,14 [a]	0,10 [a]
Marktanteil			
Direkter	0,05 [b]	0,05	0,13 [a]
Moderierter	0,15 [a]	0,06 [b]	0,22 [a]
Gesamt	0,20 [a]	0,12 [a]	0,35 [a]

[a] Signifikant $\alpha < 0,5$.
[b] Signifikant $0,5 < \alpha < 0,10$.

den. Nach den hier analysierten Differenzendaten hat der Marktanteil einen Rentabilitätseffekt durch die moderierenden Faktoren. Die Hypothese H9 ist deshalb nicht zurückzuweisen.

Zweitens, die relative Wirkung der Basiserfolgsfaktoren weicht bei den Untersuchungsstichproben mit großem und geringem Marktanteil stark voneinander ab. Während bei Geschäften mit hohem Marktanteil ein direkter Einfluß der Produktqualität signifikant ist (0,09), zeigen sowohl die moderierenden Effekte für die relative Produkt-Qualität und den Marktanteil, als auch der Gesamteffekt des Marktanteils auf ROI bei Geschäftseinheiten mit geringem Marktanteil eine starke Rentabilitätswirkung. Das heißt, daß gerade kleine Unternehmen über Marktanteilssteigerungen ihre Gewinnposition verbessern. Dieses Ergebnis spricht gegen die bei Porter (1980) implizit vertretene Auffassung, daß Wachstumsstrategien bei kleinen Unternehmen rentabilitätsmindernd wirken.

Anmerkung

* Beitrag zum Festkolloquium anläßlich der Ehrenpromotion von Prof. Dr. Horst Albach durch die Fakultät für Wirtschaftswissenschaften der Universität Bielefeld. Die Studie ist während eines Forschungsaufenthaltes an der Harvard Business School entstanden. Der Verfasser dankt Prof. Robert D. Buzzell und dem Strategic-Planning-Institut, Cambridge für ihre großzügige Unterstützung bei den Arbeiten mit der PIMS-Datenbank.

Literatur

Anderson D. F., Paine F. T. (1977), PIMS: A Reexamination, American Management Journal, 18, 1, S. 87–97.

Bentler, P. M. and Bonnett, D. G. (1980), Significance Tests and Goodness of Fit in the Analysis of Covariance Structures, Psychological Bulletin, 88, 3, S. 588–606.

Boulding, W. (1990), Unobservable Effects and Business Performance: Do Fixed Effects Matter?, Marketing Science, 9, 1, S. 88–91.

Buzzell, R. D. (1990), Commentary on "Unobservable Effects and Business Performance", Marketing Science, 9, 1, S. 86–87.

Buzzell, R. D., Gale, B. T. and Sultan, R. G. M. (1975), Market Share – A Key to Profitability, Harvard Business Review, 53 (January/February), S. 97–106.

Buzzell R. D. and Gale, B. T. (1987), "The PIMS-Principles" Linking Strategy to Performance, The Free Press, New York.

Fine C. H. (1986), Quality Improvement and Learning in Productive Systems, Management Science 32, 10 (October), S. 1301–1315.

Fornell, C. and Larker, D. F. (1981), Evaluating Structural Equation Models with Unobservable Variables and Measurement Error, Journal of Marketing Research 18 (February), S. 39–50.

Gale, B. T. (1972), Market Share and the Rate of Return, Review of Economics and Statistics.

Gale, B. T., Heany, D. F., Swire, D. J. (1977), The PAR-ROI-Report: Explanation and Commentary on Report, The Strategic Planning Institute.

Hildebrandt, L. (1989), Quantitative Analysen strategischer Erfolgsfaktoren im Marketing, Habilitation, TU Berlin.

Hildebrandt, L., Buzzell R. D. (1991), Product Quality, Market Share and Profitability: A Causal Modeling Approach, Working Paper 91-045, Division of Research, Harvard Business School.

Jacobson, R. (1990), Unobservable Effects and Business Performance, Marketing Science, 9, 1, S. 74–85.

Jacobson, C. and Aaker, D. A. (1985), Is Markt Share All It's Cracked Up to Be?, Journal of Marketing, 49 (Fall), pp. 11–22.

Jöreskog, K. G., Sörbom, D. (1989), "LISREL VII – Users Guide, Analysis of Linear Structural Relationships by the Method of Maximum Likelihood," Mooresville Scientific Software, Inc.

Jöreskog, K. G. (1970), A General Approach to Confirmatory Maximum Likelihood Factor Analysis. Psychometrika, 34, 183–202.

Phillips, L. W., Chang, D. R. and Buzzell, R. D. (1983), Product Quality Cost Position and Business Performance: A Test of Some Key Hypotheses, Journal of Marketing 47 (Spring), S. 26–43.

Porter, M. (1980), Competitive Strategy, New York, The Free Press.

Prescott, J. E., Kohli, A. K. and Venkatraman, N. (1986), The Market Share-Profitability Relationship: An Empirical Assessment of Major Assertions and Contradictions, Strategic Management Journal, 7, pp. 377–394.

Ravenscraft, D. J. (1983), Structure-Profit Relationships at the Line of Business and Industry Level, The Review of Economics and Statistics, 65 (February), S. 22–31.

Scherer, F. M. (1980), Industrial Market Structure and Economic Performance, Chicago: Rand McNally.

Schwalbach, J. (1988), Marktanteil und Unternehmensgewinn, Zeitschrift für Betriebswirtschaft, 58, 5, S. 535–549.

Shepherd, W. G. (1972), The Elements of Market Structure, Review of Economics and Statistics (February), S. 25–37.

Woo, C. Y., Cooper, A. C. (1982), The Surprising Case for Low Market Share, Harvard Business Review, (November/December), S. 106–113.

Woo, C. Y., Cooper, A. C. (1984), Market Share Leadership – Not Always So Good, Harvard Business Review, (January/February), S. 2–4.

Zusammenfassung

Die dokumentierte Studie mit Fünf-Jahresveränderungsdaten aus der PIMS-Datenbank untersuchte die Wirkungsstrukturen der Erfolgsfaktoren „relative Produktqualität" und „Marktanteil" auf die „Rentabilität" von Geschäftseinheiten. Ausgangspunkt waren dabei die Einwände gegen den Erfolgsfaktor Marktanteil. Im Kontext des zugrundeliegenden Kausalmodells konnte nachgewiesen werden, daß Produktqualität einen kausalen Einfluß auf die Änderungen des Marktanteils hat und Marktanteilszuwachs wiederum zu einer höheren Rentabilität führt. Besondere Bedeutung kommt jedoch dem Einfluß der Kostenposition zu, die als moderierender Faktor in der Beziehung zwischen Marktanteil und Rentabilität auftritt. Die Studie zeigt, daß die Erfolgswirkungen des Marktanteils zu mehr als 50 Prozent indirekt über die Änderung der Kosten eintreten, was für die Akzeptanz der Marktanteilshypothese spricht.

In einer differenzierten Analyse von Geschäftseinheiten in unterschiedlicher Wettbewerbssituation konnten außerdem Unterschiede der kausalen Wirkungsstruktur der analysierten Erfolgsfaktoren bei Geschäften mit großem Marktanteil und geringem Marktanteil nachgewiesen werden. Im Gegensatz zur Auffassung von Porter konnte in der Analyse nachgewiesen werden, daß besonders bei Geschäftseinheiten mit geringem Marktanteil über Marktanteilswachstum Kostenvorteile und Steigerungen der Rentabilität erreicht werden.

Summary

The documented study investigates the relation between relative quality, market share and profitability (ROI) using five-years difference data from the PIMS-Data base. Applying the causal modeling approach, two samples of strategic business units in different competitive situations (small versus large market share) are analysed concerning the relations of the key variables. It can be shown, that the effect of quality and market share is different in the two types of competitive situations, that quality is a key factor to improve the market share and that market share drives profitability via the cost position.

Portfoliotheoretische Überlegungen zum Risikomanagement in der Produktionslogistik

Von Karl Inderfurth

Überblick

- Es wird gezeigt, daß die im Rahmen des produktionswirtschaftlichen Risikomanagements auftretende Aufgabe der Berücksichtigung und Beherrschung von Bedarfsrisiken durch Sicherheitsbestandshaltung in mehrstufigen Produktionsprozessen Analogien zu dem finanzwirtschaftlichen Portfolio-Selection-Problem aufweist.

- Im Zusammenhang mit der Aufteilung von Sicherheitsbeständen auf unterschiedliche Produktionsstufen (Bildung von Sicherheitsbestands-Portfolios) wird von einem zweidimensionalen logistischen Beurteilungskriterium mit den zugehörigen Lagerhaltungskosten als Erfolgs- und dem Grad der Lieferbereitschaft als Risikogröße ausgegangen, bei dessen Anwendung neben Indifferenzkurven für konstante Gesamthöhe der Sicherheitsbestände wie in der Portfolio-Selection-Theorie eine Effizienzlinie angegeben werden kann, die das Austauschverhältnis von Logistikkosten und Lieferservice bei optimaler Sicherheitsbestandsallokation aufzeigt.

- Bildung von Sicherheitsbestands-Effizienzkurven kann für serielle und divergierende Produktionsstrukturen auf Basis eines praktikablen Operations Research-Ansatzes zur mehrstufigen Sicherheitsbestandsoptimierung bei stochastischer Nachfrage nach Endprodukten erfolgen, wobei auch die risikomindernden Wirkungen unterschiedlicher Nachfragekorrelation erfaßt werden kann.

- Es wird dargestellt, wie auf Basis der geschilderten Effizienzbetrachtung eine Einschätzung unterschiedlicher Wirkungen der Unsicherheit von Bedarfsverläufen sowie eine Beurteilung von Maßnahmen zur Verbesserung der logistischen Abläufe, wie z.B. der Verkürzung von Durchlaufzeiten, sowohl unter Kosten- als auch unter Risikoaspekten möglich ist.

A. Portfolioprobleme im Rahmen der Produktionslogistik

I. Risikomanagement in der Produktionslogistik

Die Aufgabe der Produktionslogistik besteht darin, den gesamten Materialfluß im Unternehmen von der Beschaffung der Rohstoffe und Vorprodukte über alle Stufen des Produktionsprozesses einschließlich aller Zwischenlagerungsprozesse bis hin zur Versorgung des Vertriebs bzw. externer Kunden mit Fertigprodukten so zu gestalten, daß diese Versorgungskette möglichst ohne Störungen funktioniert und die am Absatzmarkt sich bietenden Verkaufsmöglichkeiten genutzt werden können. Als wesentliche Ziele der Produktionslogistik lassen sich dabei das Streben nach einem hohen Versorgungs- und Lieferservice unter Inkaufnahme möglichst geringer Logistikkosten formulieren.[1]

Die Versorgungssicherheit kann durch Störungen gefährdet werden, die von der Belieferungsseite, vom Produktionsprozeß sowie von der Absatzseite ausgehen können. So sind es zum einen Unzuverlässigkeiten auf Seiten der Lieferanten, die schon am Beginn der Logistikkette durch Lieferverzögerungen oder unzureichende Bereitstellungsmengen zu Versorgungsschwierigkeiten führen können, zu denen zum anderen Störungen im Ablauf des Produktionsprozesses verschärfend hinzukommen können. Insbesondere sind es aber aufgrund des i.d.R. schwer prognostizierbaren Verhaltens der Abnehmer die absatzmarktbezogenen Unsicherheiten bezüglich Zeitpunkt und Höhe der Produktnachfrage, die eine wesentliche Risikokomponente für das Logistikmanagement darstellen. An welcher Stelle in der Logistikkette auch immer Versorgungsprobleme auftreten, für die Beurteilung des damit verbundenen Risikos ist letzten Endes von Bedeutung, inwieweit dadurch der Lieferservice für die Endproduktabnehmer beeinträchtigt wird und damit Marktchancen gefährdet werden. Solche Beeinträchtigungen und Gefährdungen möglichst zu vermeiden, ist die Aufgabe eines effizienten Risikomanagements.

Generell stehen einem Risikomanagement die Instrumente der Risikovermeidung, des Risikotransfers, der Risikostreuung sowie der Risikoübernahme zur Verfügung.[2] Die ersten drei Instrumente der Risikoverminderung können im Logistikbereich im wesentlichen durch entsprechende Auswahl und Gestaltung der Beziehungen zu Lieferanten, durch Beeinflussung der technischen Produktionsprozesse sowie der Steuerungssysteme oder durch eine auf Diversifizierung bzw. auf risikoärmere Produkte und Märkte ausgerichtete Absatzpolitik eingesetzt werden. Aus sachlichen und wirtschaftlichen Gründen sind diesen Maßnahmen allerdings Grenzen gesetzt, die dazu führen, daß i.d.R. ein nicht unbeträchtlicher Umfang von Risiken tatsächlich übernommen und durch Sicherungsstrategien beherrschbar gemacht werden muß.

Im Rahmen solcher Sicherungsstrategien unterscheidet man Sanierungsstrategien, mit deren Hilfe die Schäden beim Eintritt von Störungen möglichst wirkungsvoll behoben werden sollen, von Präventivstrategien, die eine Beeinträchtigung der Systemstabilität durch Störungen von vornherein zu verhindern suchen.[3] Im Logistikzusammenhang beziehen sich Sanierungsstrategien auf die Bereitstellung von Kapazitätspuffern und (auch planerischer) Flexibilität, mit deren Hilfe bei Unterbrechungen der Versorgungskette eine möglichst unverzügliche Wiederaufnahme des Materialflusses erreicht werden soll. Präventivstrategien dagegen beruhen vor allem auf dem Bereithalten von Sicherheitsbeständen in verschiedensten Punkten der Logistikkette, mit deren Einsatz unerwartete

Störungen des Materialflusses im Rahmen der vorgehaltenen Bestände ohne Beeinträchtigung der Versorgungssicherheit abgefangen werden können. In aller Regel werden in der Produktionslogistik beide Strategietypen gleichzeitig eingesetzt, wobei dem Halten von Sicherheitsbeständen die wichtige Aufgabe der Grundsicherung gegen Lieferrisiken zukommt. Damit spielen Planung und Einsatz von Sicherheitsbeständen eine zentrale Rolle im Rahmen des logistischen Risikomanagements.

II. Portfolioproblematik in der Sicherheitsbestandsplanung

Die Planung von Sicherheitsbeständen in komplexen logistischen Strukturen, wie sie bei mehrstufigen Produktionsprozessen auftreten, besteht in der Aufgabe festzulegen, für welche Produkte (Einsatzstoffe, Zwischenerzeugnisse, Fertigprodukte) und in welcher Höhe in den untereinander verknüpften Prozeßfolgen entsprechende Bestände gehalten werden sollen. In Abbildung 1 sind beispielsweise für eine mehrstufige allgemeine Prozeßstruktur die entsprechenden Produkte und Lagerpunkte (durch eckige Knoten) skizziert.

Abb. 1:   Mehrstufiger Produktionsprozeß mit Lagerhaltung

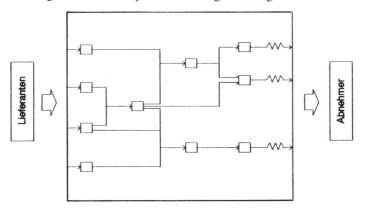

Wegen der besonderen Bedeutung von Absatzrisiken für eine kundenbezogene Logistik wird sich die weitere Untersuchung auf das Risikomanagement zur Bewältigung von Unsicherheiten der Kundenbedarfe (in Abbildung 1 durch gezackte Linien gekennzeichnet) konzentrieren. In diesem Rahmen können Sicherheitsbestände zur Risikoabdeckung im Grenzfall ausschließlich auf der Endproduktebene gehalten, sie können aber auch über das gesamte System verstreut eingesetzt werden. Daher sind Dimensionierung und Verteilung der Sicherheitsbestände von entscheidender Bedeutung für die Erreichung der Logistikziele, d.h. hier für den Lieferservice der Endproduktabnehmer sowie für die mit den Beständen verbundenen Lagerhaltungskosten.

Eine genauere Analyse des Problems der optimalen Verteilung von Sicherheitsbeständen in der Produktionslogistik läßt nun erkennen, daß ein hohes Maß an Analogie zu der – in der Finanzierungstheorie bedeutsamen – Problemstellung der auf Markowitz[4] zurückgehenden Portfolio-Selection-Theorie besteht. Geht es bei der Portfolioauswahl um die Aufteilung eines Kapitalbetrags auf risikobehaftete Wertpapiere, so steht im Rahmen der Logistikproblematik die Aufteilung von Sicherheitsbeständen auf mehrere Produktionsstufen mit ihrem unterschiedlichen Einfluß auf das Risiko mangelnder Befriedigung unsicherer Kundennachfragen im Mittelpunkt. So wie in der Portfoliotheorie die Performance der Wertpapierportfeuilles durch ein zweidimensionales Kriterium mit Renditeerwartung als Erfolgsbeitrag und Renditestreuung als quantifiziertem Risikobeitrag gemessen wird, so ist die logistische Effektivität der Sicherheitsbestandsplanung ebenfalls durch die beiden Dimensionen „erwartete Lagerhaltungskosten" für den Erfolg und einen quantifizierbaren „Kundenservicegrad" für das Risiko beschreibbar.

Diese Analogie legt die Erwartung nahe, daß sich auch die Erkenntnisse der Portfolio-Selection-Theorie von der Möglichkeit der Risikodiversifikation durch Wertpapiermischung und der Bedeutung der Korrelation zwischen den stochastischen Renditen für den Diversifikationseffekt auf das Sicherheitsbestandsmanagement übertragen lassen. Insbesondere ist zu erwarten, daß sich durch geeignete Sicherheitsbestandshaltung Risikostreuungseffekte nutzen lassen, die durch eine Zusammenfassung von Primärbedarfsrisiken mehrerer Zeitperioden und unterschiedlicher Endprodukte möglich sind. Als relevante Einflußgrößen auf den Diversifikationseffekt müssen hier die zeit- bzw. produktbezogenen Bedarfskorrelationen berücksichtigt werden.

Diese Zusammenhänge lassen es sinnvoll erscheinen zu prüfen, ob das aus der Portfoliotheorie bekannte Konzept der Ermittlung effizienter Portfolios als Vorstufe zur Portfoliooptimierung auch auf das Problem der Bestimmung optimaler „Sicherheitsbestands-Portfolios" angewendet werden kann. Dabei wird zunächst der einfache Fall einer zweistufigen Produktionsstruktur untersucht.

B. Risiko/Kosten-Effekte bei zweistufiger Produktion

I. Sicherheitsbestandsanalyse bei serieller Produktionsstruktur

Die Wirkungen, die von der Festlegung von Sicherheitsbeständen in mehrstufigen Produktionssystemen auf das kundenbezogene Lieferrisiko sowie auf die erwarteten Kosten der Bestandshaltung ausgehen, hängen einerseits von der Struktur der Produktions- und Lieferprozesse und andererseits von der Einbindung der Sicherheitsbestandshaltung in die Materialplanung der mehrstufigen Fertigung ab.

In bezug auf den letztgenannten Sachverhalt wird davon ausgegangen, daß die Koordination der Beschaffungs- und Produktionsvorgänge über alle Stufen bedarfsgesteuert nach der Logik des Material Requirements Planning[5] (auf Basis von Prognosen der Primärbedarfe) erfolgt. Der Einsatz von Sicherheitsbeständen auf den unterschiedlichen Produktionsstufen wird ebenfalls koordiniert vorgenommen, indem in jeder Planperiode in Reaktion auf ungeplante Bestandsänderungen – verursacht durch die (i.d.R. von den Prognosen abweichenden) tatsächlichen Bedarfsgrößen – versucht wird, auf jeder Stufe die vorgegebenen Sicherheitsbestände durch entsprechenden Produktnachschub soweit wie möglich wieder zu erreichen. Bei dieser Vorgehensweise der sog. Base stock-Kontrolle[6] erfolgt eine zentrale, koordinierte Verarbeitung der Informationen über die Nachfrageentwicklung und somit ein integrierter, aufeinander abgestimmter Einsatz aller Sicherheitsbestände im System.

In bezug auf die Struktureigenschaft des Produktionsprozesses wird zunächst von einem einfachen seriellen System ausgegangen, bei dem in einem ersten Schritt eine Komponente K hergestellt und anschließend zu einem Endprodukt E weiterverarbeitet wird, auf das sich eine stochastische Kundennachfrage richtet. In diesem in Abbildung 2 skizzierten Prozeß wird weiter davon ausgegangen, daß sowohl Komponenten- als auch Endproduktfertigung mit festen Produktionsdurchlaufzeiten von λ_K bzw. λ_E Perioden verbunden sind. Die Endproduktnachfrage einer Periode $\tilde{x}$ wird hier als Abweichung vom jeweiligen erwarteten Bedarf verstanden (somit: $E\{\tilde{x}\}=0$), der als Prognose die Basis für die Materialbedarfsplanung bildet. Die für die Sicherheitsbestandsplanung relevante Varianz σ^2 der als normalverteilt unterstellten Periodennachfrage wird als stationär, die Nachfrage aufeinander folgender Perioden als voneinander unabhängig angenommen.

Abb. 2: Zweistufiges serielles Produktionssystem

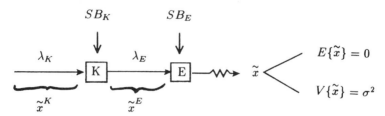

Die Höhe der Sicherheitsbestände, die für Komponente (SB_K) und Endprodukt (SB_E) angestrebt werden, beeinflussen sowohl Bestandskosten als auch Lieferservice. Mißt man das Serviceniveau durch die Wahrscheinlichkeit α, mit der den Kunden während der Gesamtwiederbeschaffungszeit von λ Perioden (mit $\lambda = \lambda_K + \lambda_E$) eine volle Befriedigung ihrer Nachfrage garantiert wird[7], so hängt dieser Servicegrad bei Anwendung der geschilderten Base stock-Regel davon ab, wie sich die kumulierte Endproduktnachfrage während der Vorlaufzeit für die Komponentenherstellung ($\tilde{x}^K$) bzw. während der Durchlaufzeit auf der Endstufe ($\tilde{x}^E$) im Vergleich zur Höhe der einzelnen Sicherheitsbestände verhält. Will man die Nachfragebedingungen charakterisieren, die für vollständige Lieferfähigkeit während der Wiederbeschaffungszeit erfüllt sein müssen, d.h. für die bei einem Komponenten- bzw. Endstufenbestand von SB_K bzw. SB_E nach Ablauf von λ Perioden ein nicht negativer Bestand an Endprodukten auftritt, so erhält man die drei folgenden Fälle:

$$
\begin{array}{lll}
\tilde{x}^K < 0 & \text{und} & \tilde{x}^K + \tilde{x}^E \le SB_E \\
(1) \quad 0 \le \tilde{x}^K \le SB_K & \text{und} & \tilde{x}^E \le SB_E \\
\tilde{x}^K > SB_K & \text{und} & \tilde{x}^K + \tilde{x}^E \le SB_E + SB_K
\end{array}
$$

Aus der Bedingungskonstellation (1) erhält man als Wahrscheinlichkeit für vollständige Lieferfähigkeit [8]

$$(2) \quad \alpha = \int_{-\infty}^{0} \Phi_\sigma^E (SB_E - x) \cdot \varphi_\sigma^K(x) \cdot dx + \Phi_\sigma^E(SB_E) \cdot [\Phi_\sigma^K(SB_K) - \Phi_\sigma^K(0)]$$

$$+ \int_{SB_K}^{\infty} \Phi_\sigma^E(SB_K + SB_E - x) \cdot \varphi_\sigma^K(x) \cdot dx$$

Mit Φ_σ^t bzw. φ_σ^t wird hier die Wahrscheinlichkeitsverteilung bzw. Wahrscheinlichkeitsdichte der über λ_t Perioden kumulierten Nachfrage mit Periodenvarianz σ^2 bezeichnet.

Quantifiziert man das Lieferrisiko durch die Gegenwahrscheinlichkeit $\bar{\alpha}$ des Eintretens einer Lieferunfähigkeit, so wird aus (2) deutlich, daß die Höhe dieses Risikomaßes von Dimensionierung und Verteilung der Sicherheitsbestände auf Komponente und Endprodukt abhängt:

$$(3) \quad \bar{\alpha} = 1 - \alpha = \bar{\alpha}(SB_K, SB_E)$$

Unter den angegebenen Prozeßbedingungen muß der erwartete Lagerbestand für Komponente und Endprodukt dem jeweils angestrebten Sicherheitsbestand entsprechen, so daß bei vorgegebenen Lagerkostensätzen pro Periode von h_K bzw. h_E die gesamten Bestandskosten im System ebenfalls von Höhe und Aufteilung des Sicherheitsbestands abhängen:

$$(4) \quad K = h_K \cdot SB_K + h_E \cdot SB_E = (SB_K, SB_E)$$

Betrachtet man das Portfolioproblem der Sicherheitsbestandshaltung als Problem der Aufteilung eines vorgegebenen Gesamtbestands $\overline{SB}$ auf die beiden Produktionsstufen (mit $SB_K + SB_E = \overline{SB}$), so lassen sich über (3) und (4) der Risiko- und Kosteneffekt alternativer Aufteilungsmöglichkeiten quantifizieren. Für spezifizierte Parameter des Produktionssystems und für vorgegebene Bestandshöhe $\overline{SB}$ lassen sich somit $\overline{SB}$-Indifferenzkurven bestimmen, die die Risiko/Kosten-Wirkungen der unterschiedlichen Sicherheitsbestandsaufteilung transparent machen.

In Abbildung 3 ist eine solche $\overline{SB}$-Kurve für ein zweistufiges System mit Durchlaufzeiten von jeweils 1 Periode ($\lambda_K = \lambda_E = 1$) und mit produktionsfortschrittsabhängig steigenden Kostensätzen ($h_K = 1, h_E = 2$) dargestellt, wobei ein Gesamtsicherheitsbestand in Höhe des Dreifachen der Standardabweichung ($\overline{SB} = 3 \cdot \sigma$ mit $\sigma = 10$) vorgegeben ist.

Die Graphik, in der aus Gründen der Analogie mit der Portfolio-Selection-Darstellung der Risikobeitrag auf der Abszisse und der Kostenbeitrag (als negativer Erfolgsbeitrag) nach unten auf der Ordinate abgetragen ist, macht deutlich, daß über eine unterschiedliche Sicherheitsbestandsaufteilung alternative Risiko/Kosten-Kombinationen erreichbar sind. Das geringste Lieferrisiko ergibt sich in Verbindung mit den höchsten Bestandskosten bei unvollständiger Konzentration der Sicherheitsbestände auf das teurere Endprodukt im Punkt $\boxed{E}$. Zunehmende Verlagerung der Bestände auf die Komponentenstufe führt zu einer proportionalen Verminderung der Kosten bei zunächst geringem, dann aber immer größer werdendem Anstieg des Lieferrisikos, bis bei einer völligen Sicherheitsbestandshaltung auf Komponentenebene im Punkt $\boxed{K}$ das Maximum an Fehlmengenwahrscheinlichkeit und Minimum an Kosten erreicht ist. Für die überproportionale Abnahme des Lieferrisikos bei zunehmender Konzentration der Bestände auf

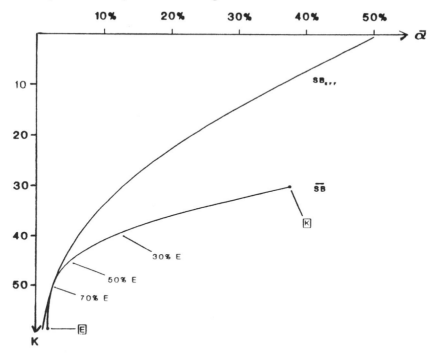

Abb. 3: Risiko/Kosten-Analyse bei zweistufiger serieller Produktion

die Endproduktebene ist nicht zuletzt der Effekt der Risikostreuung durch Absicherung längerer Vorlaufzeiten (bei annahmegemäß unkorrelierten Periodenbedarfen) für das Endprodukt verantwortlich.

Die Punkte auf der $\overline{SB}$-Indifferenzkurve müssen allerdings nicht unbedingt effizient im Sinne des verwendeten Risiko/Kosten-Kriteriums sein, da nicht sichergestellt ist, daß durch eine günstigere Bestandsaufteilung bei geänderter Bestandsmenge Ergebnisse erreichbar sind, die bei gleichen Kosten zu niedrigerem Lieferrisiko bzw. bei gleichem Risiko zu niedrigeren Bestandskosten führen. Indem man durch Optimierung des Aufteilungsverhältnisses die bei gegebenen Kosten risikominimalen Sicherheitsbestandsportfolios ermittelt, läßt sich der effiziente Rand der zulässigen Sicherheitsbestandsportfolios erzeugen. In Abbildung 3 ist für die zugrundeliegenden Daten die entsprechende SB-Effizienzlinie (mit SB_{EFF} bezeichnet) eingezeichnet, die von der ausgewählten SB-Indifferenzkurve nur im Punkt des optimalen Aufteilungsverhältnisses (70% Endprodukt/ 30% Komponente) tangiert wird. Die SB-Effizienzlinie zeigt den auch aus dem Portfolio-Selection-Ansatz bekannten rechtsgekrümmten Verlauf. Risikomanagement im Rahmen der Sicherheitsbestandsplanung läßt eine Erhöhung des Erfolgsbeitrags (in Form von Kostensenkungen der Bestandshaltung) nur auf Kosten überproportional zunehmender Lieferrisiken zu. Dies entspricht auch dem aus der einstufigen Lagerhaltungstheorie bekannten Zusammenhang, daß eine Zunahme des Lieferservice (insbesondere bei hohem Serviceniveau) nur unter Einsatz stark ansteigender Lagerbestände möglich ist.[9] Der Kurvenverlauf in Abb. 3 macht deutlich, daß Sicherheitsbestände (und damit Kosten) in Höhe von Null nur einen Servicegrad von nur 50% erwarten lassen, während bei entsprechend hoher Absicherung durch Bestände und zweckmäßiger Aufteilung das Lieferrisiko zu entsprechenden Kosten praktisch beliebig reduziert werden kann.

II. Sicherheitsbestandsanalyse bei divergierender Produktionsstruktur

Bei Produktionsstrukturen divergierenden Typs, wie sie z. B. bei gemeinsamem Einsatz einer Komponente für unterschiedliche Endprodukte auftreten, läßt sich eine Diversifizierung von Nachfragerisiken nicht nur durch Zusammenfassung von Risiken über mehrere Perioden sondern auch durch eine gemeinsame Absicherung mehrerer Endproduktrisiken auf Komponentenebene erreichen. Insofern läßt für solche Strukturen eine Risiko/Kosten-Analyse der Sicherheitsbestandshaltung die Aufdeckung zusätzlicher Effekte erwarten, die sich schon anhand eines einfachen zweistufigen Produktionssystems wie in Abbildung 4 darstellen lassen, bei dem auf die Produktion einer Komponente K die Erzeugung zweier Endprodukte E_1 und E_2 folgt, die aus dieser Komponente hergestellt werden können. Die Produktionsdurchlaufzeiten betragen λ_K bzw. (gleichermaßen für beide Endprodukte) λ_E Perioden. Die stochastischen Periodenbedarfe $\tilde{x}_1$ und $\tilde{x}_2$ sind durch entsprechende Varianzen (hier der Einfachheit halber identisch: $\sigma_1^2 = \sigma_2^2 = \sigma^2$) und zur Beschreibung der gegenseitigen Abhängigkeit durch den Korrelationskoeffizienten ($\varrho_{12} = \varrho$) charakterisiert.

Ausgehend davon, daß die kundenbezogene Lieferfähigkeit in diesem System durch den in gleicher Höhe für beide Endprodukte angestrebten Servicegrad α (verbunden mit einem identischen Sicherheitsbestand SB_E für diese Produkte) gemessen wird, wird im folgenden angenommen, daß es im Rahmen des geschilderten Bestandssteuerungssystems immer gelingt, eine Bestandssituation auf der Endstufe zu erreichen, bei der das Auftreten von Fehlmengen für alle Endprodukte jeweils gleich wahrscheinlich ist.[10]

Abb. 4: Zweistufiges divergierendes Produktionssystem

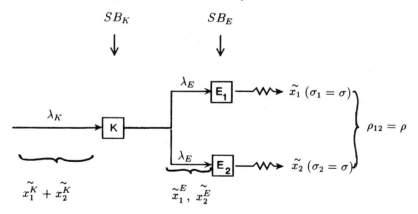

Unter diesen Bedingungen kann die vollständige Lieferfähigkeit für jedes Endprodukt E_i während des Wiederbeschaffungszeitraums analog zu (1) durch drei Teilergebnisse beschrieben werden, wobei hier mit $\tilde{x}^K = \tilde{x}_1^K + \tilde{x}_2^K$ die Summe der kumulierten Nachfrage beider Endprodukte während der Komponentendurchlaufzeit λ_K ausgedrückt wird:

$$(5) \quad \begin{aligned} &\tilde{x}^K < 0 && \text{und} && \tfrac{1}{2} \cdot \tilde{x}^K + \tilde{x}^{E_i} \le SB_E \\ &0 \le \tilde{x}^K \le SB_K && \text{und} && \tilde{x}^{E_i} \le SB_E \\ &\tilde{x}^K > SB_K && \text{und} && \tfrac{1}{2} \cdot \tilde{x}^K + \tilde{x}^{E_i} \le SB_E + \tfrac{1}{2} \cdot SB_K \end{aligned}$$

Somit ergibt sich als Wahrscheinlichkeit für Lieferfähigkeit jedes der beiden Produkte

$$(6) \quad \alpha = \int\limits_{-\infty}^{0} \Phi_\sigma^E(SB_E - \tfrac{1}{2} \cdot x) \cdot \varphi_{\sigma_E}^K(x) \cdot dx + \Phi_\sigma^E(SB_E) \cdot [\Phi_{\sigma_E}^K(SB_K) - \Phi_{\sigma_E}^K(0)]$$
$$+ \int\limits_{SB_K}^{\infty} \Phi_\sigma^E(SB_E + \tfrac{1}{2} \cdot SB_K - \tfrac{1}{2} \cdot x) \cdot \varphi_{\sigma_E}^K(x) \cdot dx,$$

wobei mit σ_E^2 die Varianz der Summe der Periodennachfrage beider Endprodukte $(\tilde{x}_1 + \tilde{x}_2)$ bezeichnet ist, für die entsprechend den o.g. Annahmen gilt:

$$(7) \quad \sigma_E^2 = \sigma_1^2 + \sigma_2^2 + 2 \cdot \sigma_1 \cdot \sigma_2 \cdot \varrho_{12} = 2 \cdot \sigma^2 \cdot (1 + \varrho)$$

Die Beziehungen in (6) und (7) machen deutlich, daß auch für divergierende Produktion das Lieferrisiko $\bar{\alpha} = 1 - \alpha$ gemäß (3) von Höhe und Verteilung der Sicherheitsbestände SB_E und SB_K abhängt, wobei für das Ausmaß des Risikos zusätzlich die Nachfragekorrelation ϱ zwischen den Endprodukten eine Rolle spielt. Der Einfluß der Korrelation läßt sich anhand der drei Extremfälle $\varrho = +1$, $\varrho = 0$ und $\varrho = -1$ deutlich machen.

Bei vollständig positiver Korrelation der Primärbedarfe ($\varrho = +1$) folgt aus (7) für die Standardabweichung der kumulierten Endproduktnachfrage $\sigma_E = 2 \cdot \sigma$, womit der Servicegrad α in (6) sich in den Servicegrad für serielle Produktion aus (2) transformieren läßt. Hiermit wird deutlich, daß bei vollständiger Bedarfskorrelation keine Risikoreduktion durch Risikoabsicherung auf Komponentenebene möglich ist: Die Produktionsprozesse für beide Endprodukte können im Prinzip isoliert (wie parallele serielle Prozesse) gesteuert werden. Für die Risiko/Kosten-Analyse gelten somit die Ergebnisse der seriellen Produktion aus Abbildung 3.

Im Fall unkorrelierten Primärbedarfs ($\varrho = 0$) vermindert sich gemäß (7) die Standardabweichung σ_E gegenüber dem vorhergehenden Fall ($\sigma_E = \sqrt{2} \cdot \sigma < 2 \cdot \sigma$), so daß sich hier bei Einsetzen in (6) eine Vergrößerung des Servicegrads und damit eine Reduktion des Lieferrisikos ergibt. Für diese Situation sind SB-Indifferenzkurve und SB-Effizienzlinie (für den relevanten $\bar{\alpha}$-Bereich zwischen 0% und 15%) in Abbildung 5 dargestellt. Ein Vergleich mit Abbildung 3 zeigt die strukturelle Ähnlichkeit, macht aber auch deutlich, daß für die Effizienzlinie hier ein höherer Endproduktanteil (ca. 80%) als bei vollständig positiver Korrelation charakteristisch ist.

Im Extremfall vollständig negativer Bedarfskorrelation ($\varrho = -1$) reduziert sich nach (7) die Mehrprodukt-Bedarfsvarianz auf Null ($\sigma_E = 0$), so daß die Lieferwahrscheinlichkeit in (6) sich zu $\alpha = \Phi_\sigma^E(SB_E)$ vereinfacht. Dies macht deutlich, daß in diesem Fall eine extreme Risikoreduktion durch gemeinsamen Komponenteneinsatz möglich ist: Es muß

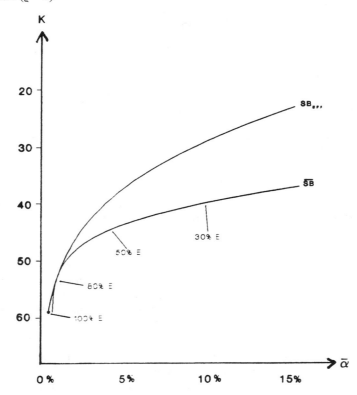

nur die Durchlaufzeit der Endstufe durch Bestände abgesichert werden. Sicherheitsbestände auf Komponentenebene sind überflüssig, denn sie beeinflussen das Lieferrisiko nicht!

Die Bedeutung der Berücksichtigung unterschiedlicher Bedarfskorrelation für ein wirksames Risikomanagement wird durch einen Vergleich der entsprechenden SB-Effizienzlinien sichtbar, wie ihn die Abbildung 6 ermöglicht. Abnehmende Korrelation geht einher mit einer Verschiebung der Effizienzlinien nach oben in Richtung günstigerer Kosten/Risiko-Kombinationen. Erhöhte Möglichkeiten zur Risikodiversifikation bei niedriger oder gar negativer Korrelation machen sich zusätzlich in einer deutlich stärkeren Krümmung des effizienten Randes der Sicherheitsbestandsportfolios bemerkbar. Es wird deutlich, daß Fehlspezifikationen der stochastischen Abhängigkeiten zwischen den Primärbedarfen zu gravierenden Fehleinschätzungen der im Rahmen des Risikomanagements erreichbaren Systemeigenschaften führen und stark suboptimale Entscheidungen bezüglich der Sicherheitsbestandsstruktur mit sich bringen können. Ein Vergleich mit der Effizienzlinie für $\varrho = -1$, läßt im übrigen erkennen, welche Effizienzgewinne bei fehlen-

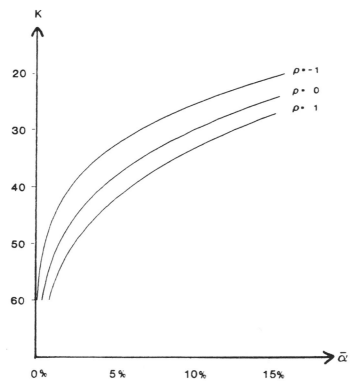

der vollständiger Korrelation durch die Einbeziehung der Komponentenebene in die gemeinsame Risikoabsicherung für mehrere Endprodukte möglich sind.

C. Effiziente Sicherheitsbestandstrukturen bei mehrstufiger Produktion

I. Allgemeiner Ansatz zur Bestimmung kostenminimaler Aufteilung von Sicherheitsbeständen

Um das Konzept der Kosten/Risiko-Effizienz bei Entscheidungen des Risikomanagements durch Einsatz von Sicherheitsbeständen in realen Problemstellungen einsetzen zu können, muß für beliebige mehrstufige Produktionsstrukturen ein praktikabler Ansatz zur Ermittlung effizienter Sicherheitsbestandskombinationen verwendbar sein. Die Möglichkeit der Darstellung und Auswertung der Abhängigkeiten zwischen Sicherheitsbestandsplanung und kundenbezogenem Lieferservice wie in (2) und (6) ist allerdings wegen der Komplexität der stochastischen Zusammenhänge zwischen internen Lieferunfähig-keiten auf sukzessiven Prozeßstufen und dem externen Kundenlieferservice auf einfache, i.w. nur zweistufige Prozeßstrukturen beschränkt.

Eine Vereinfachung der Zusammenhänge ergibt sich, wenn unterstellt werden kann, daß interne Lieferprobleme aufgrund mangelnder Sicherheitsbestandshaltung nicht un-bedingt auf die rechtzeitige und vollständige Versorgung von nachgelagerten Produk-tionsstufen durchschlagen müssen. Dies ist genau dann der Fall, wenn bei unerwarteten Bedarfsentwicklungen die Aufrechterhaltung des Materialflusses im Rahmen des Risiko-managements der Produktionslogistik durch zusätzliche Strategien des Einsatzes opera-tionaler Flexibilität im Produktionsbereich (wie z.B. durch Beschleunigung von Produk-tionsprozessen, durch Bereitstellung von Reservekapazitäten, durch Zulieferung von außen etc.) sichergestellt werden kann. Sicherheitsbestandsstrategien dienen in diesem Fall zur Absicherung „normaler" Risiken bis zu einer (z.B. durch interne Lieferservice-grade für Bestandsabsicherung) vorzugebenden Grenze, von der ab im Notfall die weite-ren Maßnahmen im Rahmen der vorhandenen Flexibilität zur Risikoabwehr ergriffen werden. Auf diese Weise wird dem Einsatz von Sicherheitsbeständen nur eine in das ge-samte Risikomanagement eingebettete Teilfunktion zur Sicherung des Kundenservice zugewiesen.

Kann man davon ausgehen, daß die internen Risikogrenzen für die Absicherung durch Material- und Zwischenproduktbestände so gesetzt sind, daß durch zusätzliche Siche-rungsstrategien eine vollständige Lieferfähigkeit auf allen Zwischenstufen der Produk-tion erreichbar ist, so läßt sich das Problem der kostenminimalen Festlegung von Sicher-heitsbeständen bei vorgegebenem Kundenservicegrad auch für komplexe mehrstufige Produktionsstrukturen und Bedarfsabhängigkeiten als vergleichsweise einfaches Opti-mierungsproblem formulieren. Da sich das Höchstmaß an Komplexität für Risikoab-sicherung bei divergierender Produktionsstruktur ergibt, soll das Optimierungsproblem für Sicherheitsbestände für allgemeine Systeme dieser Art dargestellt werden.[12]

Die divergierende Produktionsstruktur ist dadurch gekennzeichnet, daß jedes Produkt (bis auf dasjenige der ersten Stufe) genau einen direkten Vorgänger und (bis auf diejeni-gen der Endstufe) einen oder mehrere direkte Nachfolger in der Prozeßkette hat. Die Menge der Endstufenprodukte sei mit E, die der Produkte auf Vorstufen mit V bezeichnet. Jedes Produkt i auf einer Zwischenstufe läßt sich durch die Menge aller seiner im Fertigungsprozeß vorhergehenden Erzeugnisse V_i (einschließlich i) sowie durch die Menge der Endprodukte E_i beschreiben, in die dieses Produkt eingeht. Des wei-teren ist das Produktionssystem durch die (mehrstufigen) Produktionskoeffizienten $\alpha_{ik} (i \in V, k \in E_i)$ und die Prozeßzeiten λ_i für die Herstellung der einzelnen Produkte $(i \in V \cup E)$ gekennzeichnet. Von der Nachfrage nach der Endstufenproduktion wird ange-nommen, daß sie periodenweise unabhängig und normalverteilt ist mit bekannten Va-rianzen σ_k^2 und Korrelationskoeffizienten $\varrho_{kl} (k, l \in E)$. Unter diesen Bedingungen ergibt sich als abgeleitete Varianz des Periodenbedarfs eines Vorstufenprodukts

$$(8) \qquad \sigma_i^2 = \sum_{k \in E_i} \sum_{l \in E_i} a_{ik} \cdot a_{il} \cdot \sigma_k \cdot \sigma_l \cdot \varrho_{kl} \qquad (i \in V)$$

Bei Vorgabe von Kundenservicegraden α_k für jedes Endprodukt $(k \in E)$ gilt es, jede zu einem Endstufenprodukt k gehörende Produktionskette über die gesamte Wiederbeschaffungszeit ($WBZ_k^{ges} = \sum_{i \in V_k} \lambda_i, k \in E$) hinreichend durch Sicherheitsbestände gegen die Nachfragestochastik abzusichern. Aufgrund der eben getroffenen Annahmen zur internen Lieferfähigkeit kann die abzudeckende Gesamtbeschaffungszeit WBZ_k^{ges} additiv auf einzelne Wiederbeschaffungszeiten WBZ_i auf den Einzelstufen der Produktionskette aufgeteilt werden:

$$(9) \quad \sum_{i \in V_k} WBZ_i = \sum_{i \in V_k} \lambda_i \quad (k \in E)$$

Bei der Festlegung der Sicherheitsbestände für jedes Produkt ist darauf zu achten, daß jeweils die externen Servicegrade $\alpha_k (k \in E)$ – bzw. für Produkte auf Vorstufen die vorgegebenen internen Servicegrade $\alpha_i (i \in V)$ zur Normalabsicherung ohne Notmaßnahmen – eingehalten werden. Aufgrund der Annahmen der Normalverteilung und periodenweisen Unabhängigkeit der Produktnachfragen erhält man damit produktbezogene Sicherheitsbestände, die von den jeweils abzusichernden Wiederbeschaffungszeiten abhängen (mit Sicherheitsfaktoren q_i als α_i-Quantilen der Standardnormalverteilung und σ_i aus (8) für $i \in V$):[13]

$$(10) \quad SB_i = q_i \cdot \sigma_i \cdot \sqrt{WBZ_i} \quad (i \in V \cup E)$$

Bezeichnet man die produktspezifischen Lagerkostensätze mit h_i, so lassen sich die gesamten durch Sicherheitsbestandsbildung verursachten Lagerhaltungskosten im System beschreiben durch

$$(11) \quad K = \sum_{i \in V \cup E} h_i \cdot SB_i = \sum_{i \in V \cup E} c_i \cdot \sqrt{WBZ_i} \quad (\text{mit } c_i = h_i \cdot q_i \cdot \sigma_i)$$

Das Problem der kostenminimalen Sicherheitsbestandsermittlung läßt sich damit als Entscheidungsproblem bzgl. der Höhe der produktbezogenen Wiederbeschaffungszeiten WBZ_i darstellen. Berücksichtigt man, daß diese Zeiten nicht negativ sind und für Vorstufenprodukte sinnvollerweise nicht über den jeweiligen kumulierten Vorlaufzeiten liegen sollten, so läßt sich in Verbindung mit (9) und (11) das Optimierungsproblem folgendermaßen beschreiben:

$$\text{Minimiere} \quad \sum_{i \in V \cup E} c_i \cdot \sqrt{WBZ_i}$$

unter den Nebenbedingungen

$$\sum_{i \in V_j} WBZ_i \leq \sum_{i \in V_j} \lambda_i \quad (j \in V)$$

$$\sum_{i \in V_j} WBZ_i = \sum_{i \in V_j} \lambda_i \quad (j \in E)$$

$$WBZ_j \geq 0 \quad (j \in V \cup E)$$

Durch Einsetzen der optimalen Wiederbeschaffungszeiten in (10) erhält man die kostenminimale Dimensionierung und Verteilung der Sicherheitsbestände im gesamten Produktionssystem. Das geschilderte Optimierungsproblem besitzt als konkaves Minimierungsproblem besondere Lösungseigenschaften, die eine wenig aufwendige numerische Lösung – auch für Problemstrukturen mit einer Vielzahl von Stufen und unterschiedlichen Produkten – über die Anwendung eines Algorithmus der Dynamischen Programmierung erlauben.[14] Auf diese Weise ist es auch für komplexe Produktionsstrukturen möglich, durch Lösung des Kostenminimierungsproblems für alternative Kundenservicegrade α_k (und damit für alternative Sicherheitsfaktoren q_k, $k \in E$) den bezüglich Lieferrisiko und Bestandskosten effizienten Rand der Sicherheitsbestandsaufteilung zu ermitteln. Der geschilderte Ansatz läßt sich auch auf weitere Produktionsstrukturen übertragen. Rein serielle Systeme sind als Spezialfall in einer divergierenden Struktur enthalten. Konvergierende Produktionssysteme lassen sich unter recht allgemeinen Bedingungen auf serielle Systeme zurückführen.[15]

II. Ein Beispiel mit dreistufiger Produktionsstruktur

Zur Veranschaulichung der Analysemöglichkeiten des geschilderten Ansatzes erfolgt die Anwendung auf ein Problem mit dreistufiger Produktionsstruktur, bei der sich an die Beschaffung eines Materials M (Stufe 1), dessen Weiterverarbeitung zu einem Endprodukt E_3 bzw. zu einer Komponente K (Stufe 2) anschließt, die schließlich in die Herstellung zweier weiterer Endprodukte E_1 und E_2 (Stufe 3) eingeht. Die Produktionskoeffizienten werden der Einfachheit halber alle mit Eins angesetzt. Die weiteren Prozeß-Kosten- und Nachfragedaten sind produktindividuell vorgegeben und können der Abbildung 7 entnommen werden. Zur einfacheren Analyse wird die Nachfragekorrelation zwischen allen drei Endprodukten als identisch ($\varrho_{E_i, E_j} = \varrho$) angenommen.

Als Extremfälle werden wiederum vollständig positive Korrelation ($\varrho = +1$), völlig unkorrelierte Nachfrage ($\varrho = 0$) und extrem negative Korrelation (hier: $\varrho = -\frac{1}{2}$) untersucht. Der Servicegrad α wird für alle Endprodukte identisch gewählt, so daß das Lieferrisiko durch die einheitliche Fehlmengenwahrscheinlichkeit $\bar{\alpha} = 1 - \alpha$ gemessen werden kann. Der interne Lieferservicegrad auf Material- und Komponentenebene wird einheitlich mit 99% festgesetzt.

Unter diesen Bedingungen lassen sich durch parametrische Variation von $\bar{\alpha}$ die SB-Effizienzlinien für die unterschiedlichen Typen von Nachfragekorrelation ermitteln. Sie sind der Abbildung 8 zu entnehmen.

Abb. 7: Dreistufiges divergierendes Produktionssystem

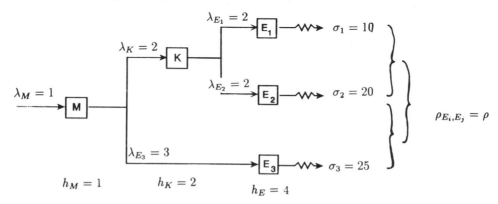

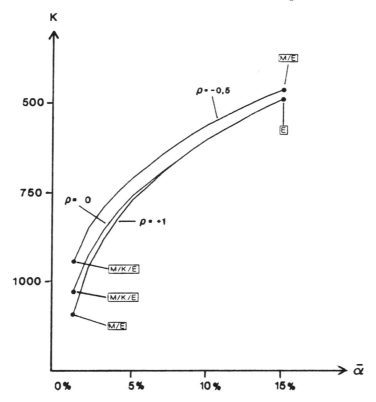

Von der Struktur und Lage der Effizienzlinien her zeigt sich ein ganz ähnlicher Zusammenhang wie in Abbildung 6 für eine einfache mehrstufige Produktion. Allerdings ist im vorliegenden Beispiel der Verlauf der Effizienzlinien für ϱ = +1 und ϱ = 0 für hohes Lieferrisiko identisch, da es hier in beiden Fällen optimal ist, Sicherheitsbestände nur auf der Ebene der Endprodukte zu halten. Der Abbildung 6 ist auch zu entnehmen, wie sich die Verteilung der Sicherheitsbstände auf die unterschiedlichen Stufen der Produktionsstruktur mit variierendem Lieferrisiko bei effizienter Bestandshaltung ändert. Ein extrem niedriges Lieferrisiko ist nur bei einer vergleichsweise weiten Streuung von Sicherheitsbeständen (für ϱ = −½ und ϱ = 0 sogar über alle Produktionsstufen, skizziert durch $\boxed{\text{M/K/E}}$) zu akzeptablen Kosten zu erreichen. Darüber hinaus ist zu sehen, daß die Sicherheitsbestandshaltung auf Vorstufen auch mit abnehmender Nachfragekorrelation zunimmt, was sich aus der damit einhergehenden Zunahme der Diversifikationsmöglichkeit durch die gemeinsame Absicherung von Endbedarfsrisiken auf der Ebene der vorgelagerten Komponente oder des Ausgangsmaterials erklärt.

Als weiteres läßt sich anhand des betrachteten Beispiels der Effekt von Verkürzungen der Durchlaufzeiten auf Risiko und Kosten von effizienten Sicherheitsbestandsstrategien

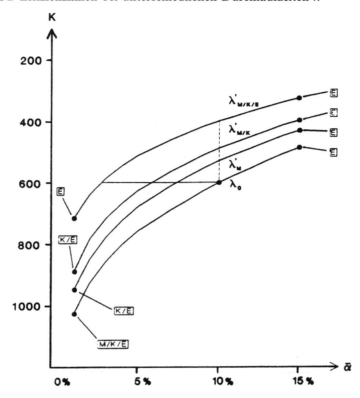

abschätzen. In Abbildung 9 sind für den Fall unkorrelierter Nachfrage die SB-Effizienz-
linien für die Ausgangssituation im Beispiel der Abbildung 7 (λ_0) sowie für sukzessive
Reduzierungen der Durchlaufzeiten um jeweils 1 Periode skizziert: eine Verkürzung der
Vorlaufzeit der Materialbeschaffung (λ'_M), eine zusätzliche Verkürzung der Komponen-
tenfertigungszeit ($\lambda'_{K/M}$) sowie zusätzlich eine Reduzierung aller Produktionszeiten auf
der Endstufe ($\lambda_{E/K/M}$). Abbildung 9 zeigt deutlich, wie sich die Verkürzung von Durchlaufzeiten aufgrund schnellerer logistischer Reaktionsfähigkeit in einer Verschiebung der
SB-Effizienzlinien in Richtung günstigerer Risiko/Kosten-Kombinationen nieder-
schlägt. Die λ'_M-Kurve charakterisiert den Vorteilsgewinn, den eine vollständige Reduktion der Materialbeschaffungszeit auf Null, d. h. der Übergang zu Just-In-Time-Beschaf-
fung, mit sich bringt. Zusätzliche Verkürzungen der internen Prozeßzeiten machen weitere deutliche Verbesserungen im Rahmen des Risikomanagements möglich. So ist z. B.
sichtbar, daß ausgehend von einem Fehlmengenrisiko von 10% durch eine generelle
Durchlaufzeitverminderung um 1 Periode die Sicherheitsbestandskosten um ein Drittel
gesenkt werden können bzw. alternativ das Lieferrisiko auf 2,5% vermindert werden
kann. Zusätzlich werden die weiteren Risiko/Kosten-Austauschmöglichkeiten transparent.

D. Ergebnisse und Ausblick

Die Ausführungen haben gezeigt, daß die konzeptionellen Ideen der Portfolio-Theorie sich nicht nur in der Finanzwirtschaft sondern auch im produktionswirtschaftlichen Bereich nutzbringend einsetzen lassen. Das Risikomanagement in der Produktionslogistik – hier konzentriert auf den koordinierten Einsatz von Sicherheitsbeständen – läßt sich als Aufteilungsproblem von Bevorratungspuffern in mehrstufigen Fertigungssystemen verstehen, mit denen auf unterschiedlich stark verbundene Einzelrisiken aus Bedarfsunsicherheiten Einfluß genommen werden kann.[16] Für die Ergebnisbeurteilung der Sicherheitsbestandsplanung liegt entsprechend den generellen logistischen Zielsetzungen die Messung in den beiden Dimensionen „Erfolgsbeitrag" (in Form von bestandsabhängigen Kosten) und „Risikobeitrag" (in Form eines quantifizierbaren Lieferrisikos) nahe.

In diesem Zusammenhang kann das Effizienzkonzept des Portfolio-Selection-Ansatzes genutzt werden, um die relevanten Planungsalternativen einzuschränken und dem Logistikmanagement einen Überblick über den in Frage kommenden Austauschbereich zwischen Lieferrisiko und Logistikkosten zu geben. Für die Ermittlung der effizienten Sicherheitsbestandspläne steht für praktische Problemstellungen recht allgemeiner Form ein wirkungsvolles Verfahren des Operations Research zur Verfügung.[17] Hiermit lassen sich nicht nur stochastische Bedarfsabhängigkeiten unterschiedlicher Form in die Effizienzbetrachtung einbeziehen. Es gelingt auch, die Wirkungen von Maßnahmen zur Verkürzung von Durchlaufzeiten in den verschiedensten Stufen der Produktionsprozesse, wie sie in der Umsetzung von Just-In-Time-Konzepten angestrebt werden, auf das Potential zur Kostensenkung und/oder Lieferserviceverbesserung transparent zu machen, das im Rahmen eines effizienten Risikomanagements erreichbar ist. Ohne großen Zusatzaufwand läßt sich bei entsprechender Flexibilität des Logistiksystems auch die optimale Abstimmung der Durchlaufzeiten einer Prozeßstufe durchführen.[18] Die Analyse gestattet im übrigen auch einen Ausblick auf die risikopolitischen Ergebnisse der Grenzsituation einer vollständigen Reduzierung aller Durchlaufzeiten durch ein Höchstmaß an Flexibilität im Produktionsbereich: Aus (9) bis (11) wird deutlich, daß eine Logistikstrategie der völligen Vermeidung von Prozeß- und Wartezeiten die Wiederbeschaffungszeiten gegen Null gehen läßt und damit sowohl das Lieferrisiko als auch die Sicherheitsbestände und deren Kosten verschwinden läßt.

Für den abschließenden Schritt zur Optimierung der Risikopolitik im Rahmen der Sicherheitsbestandshaltung bedarf es – wenn von einer unmittelbaren Festlegung für die Einhaltung eines der beiden Teilziele (durch Vorgabe von Bestandskosten bzw. Lieferrisiko) abgesehen wird – einer Quantifizierung der Präferenzbeziehung zwischen Risiko und Kosten. Die damit zusammenhängende Problematik ließe sich allerdings vermeiden, wenn – analog zur Marktpreisbewertung des Risikos im Portfolio-Problem – die kostenmäßige Bewertung des Lieferrisikos möglich wäre, die auf einer Schätzung der Gewinnschmälerung durch unvollständige Ausnutzung von Marktchancen bei beeinträchtigter Lieferfähigkeit beruhen müßte. In diesem Fall wäre es auch möglich, den Investitionsmaßnahmen zur Verkürzung von Durchlaufzeiten die Gesamtheit der laufenden Kostenersparnisse aufgrund der damit verbundenen Verbesserungsmöglichkeiten zur Risikobeherrschung zuzuordnen und damit auch die Risikowirkungen für eine Investitionsrechnung im Bereich der Logistik quantifizierbar zu machen.[19]

Ein umfassender Einsatz des logistischen Risikomanagements legt die Einbeziehung zusätzlicher Risiken aus dem Beschaffungs- und Fertigungsbereich neben den absatzmarktbezogenen Unsicherheiten in die Überlegungen zur Sicherheitsbestandsplanung nahe. Ebenso erscheint die Berücksichtigung zusätzlicher Absicherungsstrategien neben der reinen Sicherheitsbestandshaltung in eine abgestimmte Politik zur Beherrschung logistischer Risiken zweckmäßig. Eine solchermaßen erweiterte Risikomanagementaufgabe führt allerdings zu einer starken Erhöhung der Komplexität des Problemzusammenhangs. Möglicherweise kann der geschilderte Ansatz einen grundlegenden Baustein zur Lösung dieses komplexen Problems bilden.

Anmerkungen

1 Vgl. z. B. Zäpfel 1991, S. 213 ff.
2 Vgl. Albach 1977, S. 9 ff.
3 Vgl. Schneeweiß 1988, S. 290 ff.
4 Siehe Markowitz 1952, bzw. im Überblick z. B. Franke/Hax 1990, S. 252 ff.
5 Siehe z. B. Tersine 1988, S. 326 ff.
6 Silver/Peterson 1985, S. 476 ff.
7 Zu alternativen Servicegradmaßen siehe Schneeweiß 1981, S. 110 f. und Tersine 1988, S. 211 ff.
8 Eine etwas abweichende Formulierung des α-Servicegrads für diesen Fall findet sich bei van Donselaar/Wijngaard 1986, S. 186.
9 Vgl. Tersine 1988, S. 188 f.
10 Zur Problematik mangelnder Ausgeglichenheit („imbalance") von Endstufenbeständen in divergierenden Systemen siehe z. B. van Donselaar/Wijngaard 1987, S. 198 ff.
11 Vgl. hierzu auch Graves 1988, S. 76 ff.
12 Zur detaillierten Schilderung dieses Ansatzes siehe Inderfurth 1991 b.
13 Vgl. Schneeweiß 1981, S. 101.
14 Näheres hierzu in Inderfurth 1992.
15 Vgl. Rosling 1989, S. 565 ff.
16 In analoger Weise stellen sich die gleichgelagerten Probleme des Risikomanagements in der Distributionslogistik dar.
17 Entsprechend dem konkaven Minimierungsproblem aus Kapitel C.I. ist im Portfolio-Selection-Fall ein quadratisches Minimierungsproblem zu lösen, für das ebenfalls sehr leistungsstarke Operations Research-Algorithmen existieren, siehe auch Franke/Hax 1990, S. 256 ff.
18 Siehe Inderfurth 1991 a, S. 290 ff.
19 Die umfassende Beschreibung der deterministischen Wirkungen von Maßnahmen zur Verringerung von Durchlaufzeiten ist beispielsweise über LP-Modelle der Produktionslogistik möglich, vgl. Zäpfel 1991, S. 225 ff.

Literatur

Albach, H. (1977): Capital Budgeting and Risk Management, in: Albach, H.; Helmstädter, E.; Henn, R. (Hrsg.): Quantitative Wirtschaftsforschung. Wilhelm Krelle zum 60. Geburtstag, Tübingen, S. 7–24.

Franke, G.; Hax, H. (1990): Finanzwirtschaft des Unternehmens und Kapitalmarkt, 2. Aufl., Berlin-Heidelberg-New York.

Graves, S. C. (1988): Safety Stock in Manufacturing Systems, in: Journal of Manufacturing and Operations Management, Vol. 1, S. 67–101.

Inderfurth, K. (1991a): Combined Optimization of Safety Stocks and Processing Lead Times in Multi-Stage Production Systems, in: Fandel,G.; Zäpfel, G. (Hrsg.): Modern Production Concepts. Theory and Applications, Berlin-Heidelberg-New York, S. 290–301.

Inderfurth, K. (1991b): Safety Stock Optimization in Multi-Stage Inventory Systems, in: International Journal of Production Economics, Vol. 24, S. 103–113.

Inderfurth, K. (1992): Mehrstufige Sicherheitsbestandsplanung mit dynamischer Programmierung, OR Spektrum, Bd. 14, S. 19–32.

Markowitz, H. (1952): Portfolio Selection, in: Journal of Finance, Vol. 7.

Rosling, K. (1989): Optimal Inventory Policies for Assembly Systems under Random Demands, in: Operations Research, Vol. 37, S. 565–579.

Schneeweiß, Ch. (1981): Modellierung industrieller Lagerhaltungssysteme, Berlin-Heidelberg-New York.

Schneeweiß, Ch. (1988): Zur Bewältigung von Unsicherheiten in der Produktionsplanung und -steuerung, in: Lücke, W. (Hrsg.): Betriebswirtschaftliche Steuerungs- und Kontrollprobleme, Wiesbaden, S. 285–302.

Silver, E. A.; Peterson, R. (1985): Decision Systems für Inventory Management and Production Planning, 2. Aufl., New York.

Tersine, R. J. (1988): Principles of Inventory and Materials Management, 3. Aufl., New York-Amsterdam-London.

Van Donselaar, K.; Wijngaard, J. (1986): Practical Application of the Echelon Approach in a System with Divergent Production Structures, in: Axsäter, S.; Schneeweiß, Ch.; Silver, E. (Hrsg.): Multi-Stage Production Planning and Inventory Control, Berlin-Heidelberg-New York, S. 182–196.

Van Donselaar, K.; Wijngaard, J. (1987): Commonality and Safety Stocks, in: Engineering Costs and Production Economics, Vol. 12, S. 197–204.

Zäpfel, G. (1991): Produktionslogistik – konzeptionelle Grundlagen und theoretische Fundierung, in: Zeitschrift für Betriebswirtschaft, 61. Jg., S. 209–235.

Zusammenfassung

In diesem Beitrag wird auf Möglichkeiten der Übertragung von Erkenntnissen und Lösungskonzepten der Portfolio-Selection-Theorie auf die Beurteilung und Berücksichtigung von Risiken in mehrstufigen logistischen Systemen eingegangen. Die Aufteilung von Sicherheitsbeständen in mehrstufigen Produktionssystemen zum Schutz vor den Risiken fehlerhafter Nachfrageprognosen läßt sich ebenso wie die Portfeuilleauswahl von Finanzanlagen unter Erfolgs- und Risikogesichtspunkten beurteilen, wobei als logistikbezogene Kriterien die Lagerhaltungskosten und das Belieferungsrisiko (quantifiziert durch einen Kundenservicegrad) herangezogen werden. Anhand von zweistufigen seriellen und divergierenden Produktionssystemen wird gezeigt, wie unterschiedliche Dimensionierung und Verteilung von Sicherheitsbeständen auf unterschiedlichen Kosten und

Lieferrisiken führt, wobei das logistische Risiko nicht nur von den Nachfragevarianzen sondern auch von deren Korrelation beeinflußt wird. Analog zum Portfolio-Selection-Ansatz lassen sich die relevanten Aufteilungsalternativen durch effiziente Sicherheitsbestandsverteilungen beschreiben, für deren Bestimmung für allgemeinere Produktionssysteme ein konkaves Minimierungsproblem zu lösen ist. Die effizienten Sicherheitsbestandsstrukturen lassen sich unter dem zweidimensionalen Beurteilungskriterium durch Sicherheitsbestands-Effizienzlinien veranschaulichen, welche als Grundlage für zielgerichtete Risikoentscheidungen das Austauschverhältnis zwischen Logistikkosten und Lieferrisiko bei mehrstufiger Sicherheitsbestandsplanung aufzeigen und auch dazu geeignet sind, eine Beurteilungsbasis für den Erfolg von Maßnahmen zur Verbesserung logistischer Strukturen, wie z. B. der Verkürzung von Durchlaufzeiten, aus Sicht des Risikomanagements in der Produktionslogistik abzugeben.

Summary

In this article the application of concepts of theory of portfolio selection in risk management problems in the field of multi-stage logistic systems is considered. Allocation of safety stocks in multi-stage production systems as means of protection against demand uncertainties can be assessed from the viewpoint of risk and return just like a portfolio choice using the logistics-oriented criteria 'shortage risk' (quantified by a customer service level) and 'inventory holding costs'. For a two-stage serial and divergent system the effect of varying size and distribution of safety stocks on risk and costs is shown, making evident the important impact of variances as well as correlation of demands. Analogously with the portfolio selection approach reasonable allocations can be described by the efficient set of safety stock distributions which here are found by parametric solution of a concave minimization problem. With respect to the two-dimensional criterion the efficient safety stock decisions can be visualized by a safety stock efficiency line. This line demonstrates the trade-off between costs and risks for multi-stage safety stock planning and can be used as a risk management tool for assessing actions in improving the performance of logistics, e.g. reducing manufacturing lead times.

Synthetische Bilanz und Controlling *

Von Alfred Luhmer

Überblick

■ Die Synthetische Bilanz, ein auf Albach zurückgehendes Konzept, versucht, die Bilanzierung nach dem Konzept des „ökonomischen Gewinns" an die Praxis der Bilanzierung nach den GoB anzunähern. Sie ist gewissermaßen als Ermittlungsrechnung des ökonomischen Gewinns auf einem unvollkommenen oder unvollständigen Kapitalmarkt konzipiert. Wegen des Wegfalls der auf dem vollkommenen Kapitalmarkt bestehenden Finanzierungsmöglichkeiten sind nun GoB, wie das Realisations- und Anschaffungswertprinzip, zu beachten.

■ Dieser Artikel ist die Schriftfassung eines Beitrags zum Festkolloquium anläßlich der Ehrenpromotion von Horst Albach durch die Fakultät für Wirtschaftswissenschaften an der Universität Bielefeld.

■ Dieser Beitrag versucht, das Konzept in den Zusammenhang der klassischen Bilanztheorien zu stellen und gibt eine Interpretation der Synthetischen Bilanztheorie, die es erlaubt bestehende Einwände zu widerlegen. Dabei wird das Konzept um Aspekte erweitert, die im Original noch nicht explizit behandelt werden.

■ Albach hat seine Synthetische Bilanz als Kontrollkalkül für das Kapitalbudget konzipiert. Sie ist im Rahmen rollierender Fortschreibung dieses Plans zu erstellen. Somit ist das Konzept besonders für Controlling-Zwecke interessant, da es dem Management nicht ermöglicht, durch Hockeysticks in der Erwartungsbildung gegenwärtige Mißerfolge zu verdecken.

A. Einleitung

Horst Albachs wissenschaftliches Werk ist so vielfältig und ideenreich, daß die Betriebswirtschaftslehre die darin enthaltenen Anregungen bis heute nicht voll aufnehmen und verarbeiten konnte. Eine der bisher vernachlässigten Ideen von Horst Albach ist die Synthetische Bilanztheorie. Sie entstand im Anschluß an seine großen Arbeiten zur Investitions- und Finanzierungstheorie für unvollkommene Kapitalmärkte, wurde in den Jahren 1963 bis 1965 publiziert[1], stieß aber auf Unverständnis und Ablehnung[2].

Albach wollte „die verhängnisvolle Diskrepanz zwischen Einzelbewertung und Gesamtbewertung durch eine geschlossene Bewertungstheorie . . . überwinden"[3]. Er sieht in der Bilanz einen Kontrollkalkül des Investitionsplans. Auf diesen Zweck hin entworfen, integriert die Synthetische Bilanz den Teilwertgedanken und die Grundidee der Dynamischen Bilanz Schmalenbachs ebenso wie die Idee des erbitterten Schmalenbach-Gegners Rieger, die Bilanz antizipiere „das geldliche Schicksal" der am Stichtag vorhandenen Güter und Kapitalposten[4]. Sie könnte daher als Schlußstein des Gebäudes klassischer, praktisch normativer Bilanztheorie Verwendung finden, deren vorrangiges Ziel es war, den Periodenerfolg in Form einer skalaren Größe zu messen, hätte nicht die gegenwärtig herrschende Bilanzlehre diese Baustelle aufgegeben. Heute geht es der Bilanztheorie mehr um die Informationsfunktion des publizierten Jahresabschlusses im ganzen und man versucht, dessen beobachtbare Gestalt als Kapitalmarktinstitution ökonomisch zu erklären[5]. Vom Standpunkt des internen Rechnungswesens und des Controlling ist die praktisch-normative Fragestellung der Bilanztheorie aber keineswegs obsolet, denn hier wird nach wie vor ein Meßkonzept für den Periodenerfolg benötigt, das Manipulationen gebenüber unempfindlich ist und sinnvoll Zeitvergleiche ermöglicht. Die Investitions- und Finanzbudgetierung, eines der wichtigsten Instrumente zur Steuerung von Unternehmungen in einer Marktwirtschaft, ist Planung und Kontrolle unter dem Gesichtspunkt des finanziellen Erfolgs und müßte daher auf einem langfristig orientierten Periodenerfolgskonzept basieren. Sie wird als rollierendes System von Investitions- und Finanzplänen, Planbilanzen und Plan-Gewinn-und-Verlust-Rechnungen implementiert, das sich etwa 5 bis 10 Jahre in die Zukunft erstreckt und als Beurteilungsbasis Vergangenheitswerte einbezieht. Das dabei zugrunde zu legende Erfolgskonzept ist aber problematisch. Nach dem gegenwärtigen Stand unseres Faches kann der Erfolgsbegriff lediglich für vollkommene und vollständige Kapitalmärkte als geklärt gelten. Auf Basis dieser Annahme haben Irving Fisher und Erik Lindahl das Konzept des „economic income" entwickelt, und vor allem skandinavische Forscher wie Jaakko Honko und Palle Hansen haben dieses Konzept für die Bilanztheorie fruchtbar gemacht[6]. Die Annahme vollkommener und vollständiger Kapitalmärkte ermöglicht auch die Einbeziehung von Risiko bei der Periodenerfolgsmessung. Für unvollkommene und unvollständige Kapitalmärkte dagegen ist der Erfolgsbegriff nach wie vor ungeklärt[7].

Die Controllingpraxis legt der Budgetierung meist den Erfolgsbegriff der externen Rechnungslegung zugrunde, aber sie weiß wohl um dessen Unzulänglichkeit für Zwecke der Unternehmenssteuerung. Dieses Wissen scheint eine Art Flucht nach vorn zu veranlassen, weg vom Rechnungswesen, hin zu strategischer Ganzheitsbetrachtung. Wenn nicht befriedigend geklärt werden kann, was Unternehmenserfolg ist, dann soll der

Controller statt Erfolgsrechnungen aufzustellen, lieber als Innovator dem Management den richtigen Weg in die Zukunft weisen.

Ebenso wird in der Academia die Ansicht laut, das interne Rechnungswesen (Management Accounting) liege krank darnieder, Diagnose: „Relevance Lost"[8], fast erstickt an den ihm aufgedrückten Grundsätzen externer Rechnungslegung. Deren Übernahme in das interne Rechnungswesen hat die Budgetierung als Planungs- wie als Kontrollrechnung die strategischen Aktiva, z. B. F & E-Investitionen, Marketing-Investitionen und Investitionen in Ressourcenentwicklung ausgetrieben. Damit ist bei zeitlich schwankenden Ausgaben für diese Investitionen der Vergleichbarkeit der Periodenerfolge zerstört und es erscheint einfacher, unmittelbar die Reihe der Cash Flows unter Erfolgsgesichtspunkten zu beurteilen als die entsprechende Reihe von Periodenerfolgen.

Weiter wird eine langfristig orientierte, eindimensionale Erfolgsmessung für erfolgsabhängige Management-Vergütungsregelungen benötigt. Was nach GoB als Periodenerfolg ausgewiesen wird, ist für diesen Zweck jedenfalls ungeeignet und irreführend. Das theoretisch wohlfundierte Erfolgskonzept des economic income ist aber praktisch auch nicht anwendbar, denn es setzt die Kenntnis der Eigenkapitalkosten voraus, die aus Marktwerten nicht abgeleitet werden können, wenn nicht alle zustandsabhängigen Ansprüche auf Märkten gehandelt werden.

Hält man dennoch an der Erfolgsrechnung als Grundlage wirtschaftlicher Steuerung eines Unternehmens fest, dann bleibt also das Problem eindimensionaler Erfolgsmessung auf der Tagesordnung.

Die Synthetische Bilanz bietet in dieser Problemsituation ein langfristig orientiertes, manipulationsstabiles Erfolgskonzept an. Es definiert den Periodenerfolg auf der Basis des Investitions- und Finanzierungsbudgets der Unternehmung, ohne über Schätzungen künftiger Cash Flows und der Wirkungsdauern der investiven Ausgaben hinaus weitere Ermessensinputs zu benötigen. Die Synthetische Bilanz läßt den Ansatz strategischer Aktiva zu, übernimmt aber von der kaufmännischen Bilanzierung das Anschaffungswertprinzip und weist auf dieser Grundlage realisierte Periodengewinne aus. Die folgenden Überlegungen sollen den Kalkül der Synthetischen Bilanz, eingebettet in die rollierende Erfolgsplanungs- und -kontrollrechnung, an einem Beispiel verdeutlichen. Sie zeigen, wie die Synthetische Bilanz verschiedene Arten von Aktiven (Sachanlagen, Finanzinvestitionen, Kasse) und Passiven (Fremdkapitalkontrakte und Eigenkapital) bilanziert und versuchen so, erst einmal die vordergründigen, technischen Schwierigkeiten auszuräumen, die die betriebswirtschaftliche Literatur an einer ernsthaften Auseinandersetzung mit der Synthetischen Bilanz bisher gehindert haben mögen. Die kapitaltheoretischen Grundlagen der dynamischen Bilanz und die Anreizeigenschaften eines auf ihr aufbauenden Management Control-Systems müssen weiterer Forschung vorbehalten bleiben.

B. Der Kalkül der Synthetischen Bilanz

I. Die Daten: Das Investitions- und Finanzierungsbudget

Tabelle 1 gibt die geplanten Ausgaben und Einnahmen unseres Beispiels für einen Zeit-raum von 5 Perioden wieder. (Die Gründungsperiode 0 ist dabei nicht mitgezählt.) Als erstes sind die Sachinvestitionen aufgeführt: die Anschaffungsausgaben für die Betriebs- und Geschäftsausstattung (B & G) und für eine Maschine. Die B & G soll nach 3 Peri-oden erneuert werden, die Maschine nach 5 Perioden. Der Plan geht von einer fiktiven Liquidation nach Periode 5 aus; von Restwerten des Anlagevermögens wurde abgesehen; sie wären gegebenenfalls als fiktive Einnahmen in der letzten Spalte zu vermerken. Auf die Ausgaben für Material und Löhne und die Umsatzeinnahmen folgen Finanzinvesti-tionen und Kasse. Die Unternehmung ist durch Eigenkapital und durch Fremdkapital in Form einer Null-Kupon-Anleihe und eines Annuitäten-Darlehens finanziert, deren planmäßige Zahlungsreihen ebenfalls in Tabelle 1 enthalten sind. Die letzte Zeile zeigt die Zahlungsreihe für das Eigenkapital; sie bringt als Residualgröße Einnahmen und Ausga-ben zum Ausgleich [9].

In der Bezeichnungsspalte ist zu der Eigenkapitalzahlungsreihe mit dem Endvermögen von Periode 5 auch der interne Zinsfuß angegeben. Er stellt die durchschnittliche Renta-bilität des Eigenkapitaleinsatzes in der Unternehmung für den Planungszeitraum dar. Ebenso sind die planmäßigen Renditen der beiden Fremdkapitalkontrakte ausgewiesen.

Der interne Zinsfuß der geplanten Eigenkapitalzahlungsreihe kann ex ante nicht unter den linksseitigen Grenzkosten des Eigenkapitals liegen, denn sonst würden sich keine Eigenkapitalgeber zur Finanzierung der Unternehmung bereitfinden. Er kann als die

Tab. 1: Budgetierte Einnahmen–Ausgaben

Periode:	0	1	2	3	4	5
B & G	−50			−50		
Maschine	−200					
Material		−50	−50	−50	−50	−50
Löhne		−60	−60	−60	−60	−60
Umsatzeinnahmen		200	200	200	200	200
Finanzinvestition I	−10	−80	−35	−20	−55	
Einnahmen		10,50	84	36,75	21	57,75
Finanzinvestition II			−95	−102,60	−110,81	
Einnahmen				102,60	110,81	119,67
Kasse	−5	−0,45	−4,40	−3,10	−2,55	
		5	0,45	4,40	3,10	2,55
Fremdkapital:						
Zero-Bond 8,9977%	65					−100
Annuitäten-Darlehen 8%	100	−25,05	−25,05	−25,05	−25,05	−25,05
Eigenkapital:						
Einlagen–Entnahmen 20,8414%	100	−0	−15	−33	−31,50	−144,93

66

durchschnittliche Rendite interpretiert werden, die das Management ausweislich des Investitionsbudgets den Eigenkapitalgebern in Aussicht stellt und ist damit Anspruchsniveau oder Erfolgsziel des Unternehmens. Wie sich später zeigen wird, hat das Management, dem die Planung des Investitions- und Finanzierungsbudgets obliegt, ein Interesse daran, dieses Ziel nicht zu hoch zu stecken, wenn es nach dem realisierten Gewinn entlohnt wird. Der interne Zinsfuß bestimmt in Albachs Konzept [10] den time value of money. Der Grund dafür ist nicht allein, daß kein marktorientierter Eigenkapitalkostensatz als bekannt vorausgesetzt werden soll, der Eigenkapitalaufnahme und Entnahmen zu optimieren erlaubt. Albach geht vielmehr von einem offenen Entscheidungsfeld aus, in dem im Laufe der Zeit immer wieder neue Investitionsgelegenheiten auftauchen, die den in der Vergangenheit bekanntgewordenen Möglichkeiten bezüglich der Rendite ähneln. Aufgrund dieser Annahme kann mit einer Wiederanlage freigesetzter Mittel zum planmäßigen internen Zinsfuß der Unternehmung in der Zukunft gerechnet werden. Der planmäßige interne Zinsfuß erhält damit die Bedeutung eines Eigenkapitalkostensatzes auf dem unvollkommenen Kapitalmarkt. Als solchen verwendet ihn die Synthetische Bilanz.

Aus einem Datenimput wie in Tabelle 1 sollen nun vollautomatisch, d. h. ohne jeden weiteren Ermessensinput, Planbilanzen und Erfolgsausweise zum Ende jeder Periode erzeugt werden. Dies geschieht durch eine Erweiterung von Tabelle 1 im Spreadsheet-Programm, in der nur noch für beliebige Datenwerte gültige Formeln zugelassen sind, keine Zahleneingaben mehr.

II. Planbilanzen und Planerfolge

1. Gesamterfolg und virtuelles Kapital

Die Synthetische Bilanz unterstellt konstante Verzinsung des Eigenkapitals während der Planperiode zum planmäßigen internen Zinsfuß des Unternehmens. Die Kosten des Eigenkapitals werden damit als zeitkonstant angenommen; jemandem, der eine Einheit Eigenkapital während der Periode t zur Verfügung gestellt hat, soll dafür genau das gleiche Entgelt zustehen, wie einem anderen Eigenkapitalgeber, für eine Einheit in Periode t + k. Dem liegt die Auffassung zugrunde, daß die Eigenkapitalgeber nach Maßgabe ihres Kapitaleinsatzes gleichmäßig an einem einheitlichen Unternehmensgewinn beteiligt sind, der während des gesamten Planungszeitraums erzielt wird. Wer seinen Gewinn aus der Vorperiode stehen läßt, stellt dem Unternehmen damit in der nächsten Periode entsprechend mehr Kapital zur Verfügung und erhält zusätzlich die Planrendite auf den stehengelassenen Gewinn. Der Wert eines Eigenkapitalanspruchs wächst also – unter der Annahme, daß alles dem optimalen Plan gemäß läuft und keine Ausschüttungen vorgesehen sind – nach Maßgabe von Zinseszinsen in Höhe des internen Zinsfußes auf den Anfangskapitaleinsatz. Diese Vermögensentwicklung stellt der Eigenkapitalkontrakt planmäßig in Aussicht und über diesen Inhalt gilt es abzurechnen.

Das Eigenkapital in der durch diesen Aufzinsungsprozeß bestimmten Höhe ist allerdings nicht immer sofort als Cash Flow verfügbar und wird nicht in dieser Höhe in der

Tab. 2: Ausstehendes Kapital

Periode:	0	1	2	3	4	5
FK-Ansprüche:	65,00	70,85	77,22	84,17	91,75	−0,00
	100,00	82,95	64,55	44,66	23,19	−0,00
EK-Anspruch:	100,00	120,84	131,02	125,32	119,93	−0,00
WACC:		0,1309	0,1391	0,1445	0,1466	0,1495
Diskontfaktoren	1,0000	0,8842	0,7763	0,6783	0,5915	0,5146
		1,000	0,8779	0,7671	0,6690	0,5820
			1,0000	0,8737	0,7620	0,6629
				1,0000	0,8721	0,7587
					1,0000	0,8700

Bilanz ausgewiesen. Es sei daher im folgenden als *virtuelles Eigenkapital* bezeichnet. Dividenden mindern das virtuelle Eigenkapital.

Ansprüche aus Fremdkapitalkontrakten werden dagegen in der vollen Höhe, die sich durch Aufzinsung mit ihrer jeweiligen vertraglich fixierten Rendite ergibt, in der Bilanz ausgewiesen. Denn in dieser Höhe bestehen effektive rechtliche Ansprüche der Fremdkapitalgeber. Tilgungen und Zinszahlungen mindern das Fremdkapital.

Tabelle 2 zeigt die zeitliche Entwicklung der ausstehenden Fremdkapitalbeträge und des virtuellen Eigenkapitals. Die Kapitalkosten für das Gesamtvermögen der Unternehmung ergeben sich aus den Kosten der Fremdkapitalkontrakte und dem internen Zinsfuß des Eigenkapitals als mit den ausstehenden Beträgen gewichtetes Mittel (Weighted Average Cost of Capital: WACC). Da sich die Zusammensetzung des Kapitals infolge von Tilgungen und Entnahmen im Lauf der Zeit ändert, ändert sich auch WACC. Weiter enthält Tabelle 2 noch die den WACC entsprechenden Diskontfaktoren q (τ, t). Sie werden im folgenden benötigt, um das Abgrenzungsprinzip der Synthetischen Bilanz zu formulieren.

2. Das Abgrenzungsprinzip der Synthetischen Bilanz

Auf einem vollkommenen Kapitalmarkt gälten ein ungespaltener Marktzins und die entsprechenden Diskontfaktoren; die Dividendenpolitik wäre irrelevant. Auf der Finanzierung von Ausschüttung bräuchte die Unternehmung nicht zu achten, weil die Unternehmung sich zum Marktzins finanzieren könnte und weil jeder Eigenkapitalgeber sich ohne Nachteile durch Verkauf von Anteilen seine meistpräferierte Ausschüttung verschaffen könnte. Damit wäre der als interne Verzinsung des Eigenkapitals definierte Gewinn auch ausschüttbar. Auf dem unvollkommenen Markt ist das anders; hier kann – ohne Beeinträchtigung des Ertragswerts – nur der Betrag ausgeschüttet werden, der in den Erlösen der Periode freigesetzt wird. Die Synthetische Bilanz unterscheidet daher – wie die traditionelle Bilanzlehre – realisierte und nicht realisierte Gewinne. Realisiert sind Gewinne, die als Bestandteil von Markterlösen, als Cash Flow, im Unternehmen eingegangen sind. Eingehende Cash Flows enthalten aber nicht nur Gewinne, sondern auch

Amortisation von Investitionsausgaben. Wie die Dynamische Bilanz nach Schmalenbach faßt die Synthetische Bilanz Aktiva als Ausgabenreste auf, deren Freisetzung das Abgrenzungsprinzip regelt. Wie Wilhelm Rieger sieht sie in den Aktiven aber auch Kapital, das der künftigen „Wieder-Geldwerdung" harrt. Das Abgrenzungsprinzip der Synthetischen Bilanz fordert, daß der Cash Flow einer Periode mit dem Freisetzungsbetrag auf eine Investitionsausgabe stets auch die Kapitalkosten dieses Betrages für die gesamte Bindungsdauer enthalten muß. Mit Hilfe der bereits eingeführten WACC-Diskontfaktoren läßt sich das Abgrenzungsprinzip wie folgt formulieren:

Abgrenzungsprinzip
Ein Cash Flow von einer Geldeinheit (GE) in Periode t kann Investitionsausgaben aus Periode τ ($\tau \leq$ t) in Höhe von q (τ, t) GE amortisieren. Der Rest von [1 − q (τ, t)] GE deckt die Kapitalkosten des freigesetzten Kapitalbetrags während seiner gesamten Bindungsdauer von τ bis t.

Aus diesem Prinzip folgt für einen zeitkonstanten Einnahmenstrom aus einer Investition unmittelbar ein degressiver Abschreibungsverlauf. Denn je länger ein Ausgabenteilbetrag gebunden bleibt, desto höher wird der Anteil der Kapitalkosten an dem zur Amortisation herangezogenen Cash Flow (sinking fund). Dies zeigt sich deutlich an den Diskontfaktoren in Tabelle 2.

3. Die Aufteilung des Perioden-Cash-Flow

Zu unterscheiden sind nun zwei verschiedene Klassen von Aktiva, nämlich solche mit a priori bekanntem und solche mit a priori unbekanntem Kapitalbindungsverlauf.

a) Amortisation und Kapitalkosten der Aktiva mit a priori
bekanntem Kapitalbindungsverlauf

Zur ersten Kategorie gehören die Finanzanlagen des Beispiels und die Kasse. Diese Aktiva lassen sich unabhängig von anderen Aktiven bilanzieren. Da ihr Kapitalbindungsverlauf von vornherein bekannt ist, sind ihre Freisetzungen unabhängig von anderen Aktiven bekannt und der Bedarf an Cash Flow für die Kapitalkosten dieser Aktiva ist allein durch das Abgrenzungsprinzip bestimmt. Die Synthetische Bilanz baut auf dem üblichen Realisationsprinzip des kaufmännischen Rechnungswesens auf. Danach gelten Zinsen nach Ablauf der Leistungsperiode als realisiert, auch wenn sie erst später gezahlt werden, wie das bei Finanzinvestition II des Beispiels der Fall ist; diese Investition erzielt eine Rendite von 8%, das Geld muß aber auf drei Jahre festgelegt werden, während Finanzinvestition I bei jährlicher Festlegung nur 5% einbringt. Die Zinseinnahmen können zur Deckung der Kapitalkosten der Finanzinvestition eingesetzt werden; daher sollten die Kapitalkosten auf die jeweils gebundenen Mittel auch in der Periode wirksam werden, in der die Zinsen eingehen. Das läßt sich erreichen, indem man am Ende jeder Periode die Freisetzung des gesamten Kapitals einschließlich der Zinseinnahmen und die sofortige Reinvestition des Betrages fingiert.

Tabelle 3 zeigt zunächst die geplanten Rückflüsse aus den Finanzinvestitionen und dann die darauf gemäß dem Abgrenzungsprinzip entfallenden Kapitalkosten. Wie man sieht, reichen die Rückflüsse nicht aus, um die Kosten des in den Finanzinvestitionen

Tab. 3: Bilanzplanung: Finanzinvestitionen und Kasse (bekannter Kapitalbindungsverlauf)

Periode:	1	2	3	4	5
Finanzinvestition I					
Amortisation:	10,00	80,00	35,00	20,00	55,00
Kapitalkosten:	1,31	11,13	5,06	2,93	8,22
Finanzinvestition II					
Amortisation:			95,00	102,60	110,81
Kapitalkosten:			13,73	15,04	16,56
Kasse					
Amortisation:	5,00	0,45	4,40	3,10	2,55
Kapitalkosten:	0,65	0,06	0,64	0,45	0,38
Rückflüsse FinInv:	15,50	84,45	143,75	134,91	179,97
Rest-Rückflüsse, Finanzbereich:	−1,46	−7,19	−10,07	−9,22	−13,55

gebundenen Kapitals zu decken. Der Grund dafür ist, daß die Rendite der Finanzinvestitionen hinter der geplanten Rendite des Gesamtunternehmens (WACC) zurückbleibt.
Die Fehlbeträge sind aus dem Cash Flow des Leistungsbereichs zu decken.

b) Amortisation und Kapitalkosten der Aktiva mit a priori
unbekanntem Kapitalbindungsverlauf

Für Amortisation und Kapitalkosten der zweiten Kategorie von Aktiven, im Beispiel
identisch mit den Sachanlagen, stehen also nur entsprechend verminderte Cash Flow-Be-
träge zur Verfügung, wie in der ersten Zeile von Tabelle 4 ausgewiesen.
   Um diese Beträge auf Abschreibung und Kapitalkosten aufzuteilen, werden alle Anschaffungsausgaben mit den WACC-Diskontfaktoren auf den Zeitpunkt 0 abdiskontiert.

Tab. 4: Bilanzplanung: Unbekannter Kapitalbindungsverlauf (in Anschaffungswerten
der Periode 0)

Periode:	0	1	2	3	4	5
Investitionsausgaben						
B & G	50	0	0	33,91	0	0
Maschine	200	0	0	0	0	0
Summe (283,91)	250	0	0	33,91	0	0
Rest-Cash Flow:		88,54	82,81	79,93	80,78	76,45
(nach Berücksichtigung der negativen Rest-Rückflüsse des Finanzbereichs)						
Enthaltene Abschreibungen (Summe 283,91)		78,29	64,29	54,21	47,78	39,34
− kumulierte Abschreibungen						
= (Abschreibungspotential)	250,00	171,71	107,43	87,13	39,34	0

Es wird also alles „in Anschaffungswerten der Gründungsperiode" betrachtet. Die ersten beiden Zeilen der Tabelle 4 geben die auf den Zeitpunkt 0 bezogenen Anschaffungskosten der Investitonen und Ersatzbeschaffungen wieder. Die Ersatzbeschaffung der B & G in Periode 3 z. B. ist einfach mit q (0,3) zu multiplizieren um den äquivalenten „Anschaffungswert der Gründungsperiode" zu erhalten.

Die Anwendung der WACC-Diskontfaktoren auf den Rest-Cash Flow in Zeile 4 ergibt dann die Summe der darin enthaltenen Abschreibungen in Zeile 5. Die letzte Zeile der Tabelle 4 zeigt die Summe der Restwerte (bezogen auf 0) nach Berücksichtigung der Abschreibungen.

c) Aufteilung der Gesamtabschreibung auf einzelne Aktiva

Die Kapitalbindung eines Aktivums ist unmittelbar vor und nach einem Ersatzzeitpunkt bekannt. Damit ist im Beispiel der Wert der B & G im Zeitpunkt 3 (immer bezogen auf Periode 0) bekannt (siehe Tabelle 5). Der Rest des Abschreibungspotentials muß also auf die übrigen Aktiva entfallen, im Beispiel ist das nur die Maschine. Deren Restwert ist damit zu t = 3 ebenfalls bekannt (Tabelle 5, Zeile 7). Im allgemeinen wird jedoch für die Aufteilung auf die einzelnen Aktiva eine allgemeine Regel benötigt, wenn die Bilanz automatisch erstellbar sein soll. Versuchsweise sei folgende Formulierung vorgeschlagen:

Aufteilungs-Regel
Ist zu Anfang einer Periode für eine Menge von Aktiven lediglich die Summe ihrer Restwerte bekannt, jedoch kein einzelner dieser Restwerte, so bleiben die Verhältnisse der Einzelabschreibungen dieser Aktiva dieselben wie in der Vorperiode (alle Werte bezogen auf Periode 0).

Im Beispiel sind am Ende der Perioden 3 und 4 nur die Summen der Restwerte von Maschine und B & G bekannt. Sie ergeben sich aus den in Tabelle 4 ermittelten Abschreibungspotentialen zuzüglich eines am Ende von Periode 5 noch verbleibenden Restwerts, hier als null angenommen. Am Anfang von Periode 5 (d.h. zu Ende von Periode 4) sind individuelle Restwerte nicht bekannt, also bestimmt die Aufteilungsregel, für Periode 5 das Verhältnis der Abschreibungen aus Periode 4 zu übernehmen, das allerdings vorerst auch noch unbekannt ist. Zum Ende von Periode 3 ist aber der Restwert der B & G

Tab. 5: Aufteilung des Abschreibungspotentials auf Einzelaktiva, Perioden 4, 5:

	Periode:	3	4	5
Abschreibungspotential		87,13	39,34	0
Bekannte Restwerte:	B & G	33,91		0
	Maschine			0
Daraus folgen als Restwerte:	B & G	33,91		0
	Maschine	53,21		0
Aufteilung des Potentials:	B & G	33,91	15,31	0
	Maschine	53,21	24,03	0

Tab. 6: Aufteilung des Abschreibungspotentials auf Einzelaktiva, Perioden 1–3:

Periode:	0	1	2	3
Abschreibungspotential:	250,00	171,71	107,43	
Vermindert um Restwerte zum				
Ende der Periode 3 (= 53,21)	196,79	118,50	54,21	
Abschreibungsgrundbeträge:				
B & G	50,00			0,00
Maschine	146,79			0,00
Aufteilung des Abschreibungspotentials:				
B & G	50,00	30,11	13,77	0,00
Maschine	146,79	88,39	40,44	0,00
Restwerte:				
(= Abschreibungspotential				
(+ Restwert am Ende von Periode 3)				
B & G	50,00	30,11	13,77	0,00
Maschine	200,00	141,60	93,65	53,21

bekannt, die Aufteilungsregel braucht also nur auf die restlichen Aktiva angewandt zu werden, hier also nur die Maschine. Diese erhält daher das gesamte Abschreibungspotential, das nach Abzug des bekannten, für die B & G benötigten Betrages übrigbleibt. Somit ist zum Ende von Periode 3 das auf jedes der beiden Aktiva entfallende Abschreibungspotential bekannt. Nach der Aufteilungsregel soll das Verhältnis der Abschreibungen in Periode 4 und 5 aber dasselbe bleiben, es muß also mit dem Verhältnis der Abschreibungspotentiale zum Ende von Periode 3 übereinstimmen. Das Abschreibungspotential für die Perioden 4 und 5 ist also in diesem Verhältnis aufzuteilen. So ergibt sich der Restwertverlauf dieser Perioden wie in Tabelle 3 angegeben.

Tabelle 6 ermittelt die Restwerte für Periode 1–3 nach derselben Vorgehensweise. Hier ist bei der Maschine der Restwert am Ende des Betrachtungszeitraums nicht null (sondern 53,21, wie in Tabelle 5 ermittelt). Dieser Betrag muß zunächst zur Verwendung in späteren Perioden aus dem Abschreibungspotential herausgenommen werden. Die Aufteilungsregel schreibt nun vor, daß das Verhältnis der Abschreibungen für die Perioden 1–3 dasselbe bleibt. Das ermöglicht wiederum eine eindeutige Aufteilung der Grundbeträge wie in Tabelle 5. Zur Ermittlung der Restwerte (zu Anschaffungskosten der Periode 0) werden die Restwerte am Ende des Betrachtungszeitraumes wieder addiert.

Die Aufteilungsregel legt für Restwerte und Abschreibungen ein gemeinsames dynamisches Entwicklungsgesetz fest, das im Falle von mehr Aktiven auf ein bilineares Gleichungssystem führt, dessen Konstruktion hier nicht näher behandelt sei. Abgrenzungsprinzip und Aufteilungsregel zusammen stellen sicher, daß einem Einzelaktivum unter keinen Umständen unrealisierte Gewinne zugeschrieben werden.

4. Bilanzielle Abschreibungen und Periodengewinne

In der folgenden Tabelle 7 werden die Werte für Anschaffungen nach Periode 0 auf den tatsächlichen Anschaffungszeitpunkt aufgezinst, so daß sich die endgültigen Bilanzabschreibungen ergeben.

Tabelle 8 zeigt die Ermittlung der realisierten Periodengewinne. Aus den um die Abschreibungen verminderten, verfügbaren Cash Flows werden zunächst die Fremdkapitalkosten abgedeckt. Der verbleibende Rest ist realisierter Gewinn.

Tabelle 9 gibt schließlich die nach den üblichen Regeln mit den oben abgeleiteten Wertansätzen nach dem Konzept der Synthetischen Bilanz aufgestellten Plan-Bilanzen und Plan-Gewinn- und Verlustrechnungen wieder.

Wohlgemerkt ergibt sich das Eigenkapital in den Spalten 1–5 von Tabelle 9 nicht nur einfach als Saldo der Summe der Aktiva und der Fremdkapitalposten. Im Spreadsheet wurde dieser Posten vielmehr in der Form Eigenkapital der Vorperiode plus Einlagen minus Entnahmen plus realisierten Periodengewinn ermittelt. Die Bilanzsummen sind wirklich Summen der unabhängig voneinander ermittelten Aktiv- bzw. Passivposten; deren Übereinstimmung zeigt, daß die Bilanzgleichung nach dem Konzept der Synthetischen Bilanz durchaus nicht nur für die Gründungsbilanz erfüllt ist. Die gängige Kritik an dem Konzept ist damit widerlegt.

Tab. 7:   Abschreibungen und Bilanzwerte

Periode:	0	1	2	3	4	5
B & G	50,00	30,11	13,77	50,00	22,58	0,00
Maschine	200,00	141,60	93,65	53,21	24,03	0,00
Bilanzielle Abschreibungen:						
B & G		19,89	16,33	13,77	27,42	22,58
Maschine		58,40	47,95	40,44	29,18	24,03

Tab. 8:   Realisierte Periodengewinne:

Periode:	0	1	2	3	4	5
+ Cash Flow Leistungsbereich		90,00	90,00	90,00	90,00	90,00
+ Cash Flow Finanzbereich		−1,46	−7,19	−10,07	−9,22	−13,55
− Abschreibung		78,29	64,28	54,21	56,60	46,61
Rest:		10,25	18,53	25,72	24,18	29,84
+ Kapitalkosten auf Finanzanlagen		1,96	11,19	19,42	18,43	25,16
− Fremdkapitalkosten						
Zero-Bond		5,85	6,37	6,95	7,57	8,25
Annuitätendarlehen		8,00	6,64	5,16	3,57	1,86
= Gesamtgewinn: 124,44		−1,64	16,70	33,02	31,46	44,90
Einlagen−Entnahmen −124,44 (zum Vergleich)	100,00	−0,00	−15,00	−33,00	−31,50	−144,93

	Periode:	0	1	2	3	4	5
Aktiva	B & G	50,00	30,11	13,77	50,00	22,58	0,00
	Machine	200,00	141,60	93,65	53,21	24,03	0,00
	Fin-Inv I	10,00	80,00	35,00	20,00	55,00	0,00
	Fin-Inv II	0,00	0,00	95,00	102,60	110,81	0,00
	Kasse	5,00	0,45	4,40	3,10	2,55	0,00
	Summe	265,00	252,16	241,83	228,91	214,96	0,00
Passiva	Eigenkapital	100,00	98,36	100,06	100,08	100,03	0,00
	Zero-Bond	65,00	70,85	77,22	84,17	91,75	−0,00
	Annuitäten-D.	100,00	82,95	64,55	44,66	23,19	−0,00
	Summe	265,00	252,16	241,83	228,91	214,96	−0,00
GuV	Umsatzerlöse		200,00	200,00	200,00	200,00	200,00
	Materialaufwand		50,00	50,00	50,00	50,00	50,00
	Personalaufwand		60,00	60,00	60,00	60,00	60,00
	Abschreibungen		78,29	64,29	54,21	56,61	46,61
	Zinsen u. ä. Ertr.		0,50	4,00	9,35	9,21	11,61
	Zinsen u. ä. Aufw.		13,85	13,01	12,11	11,15	10,11
	Jahresüberschuß…		−1,64	16,70	33,02	31,46	44,90

III. Der Kontrollkalkül

Zur Kontrolle des Periodenerfolges führt man im Prinzip dieselben Rechnungen wie für die Planbilanz mit den ex-post Daten und den durch sie erforderlich werdenden Anpassungen der zukünftigen Budgetansätze durch. Zwei Fälle sind zu unterscheiden: entweder führen die neuen Daten zu einer Steigerung oder einer Senkung der Eigenkapitalrendite. In der unterschiedlichen Behandlung dieser beiden Fälle zeigt sich das Imparitätsprinzip der Synthetischen Bilanz.

1. Der Fall positiver Renditeabweichung

Im Fall gestiegener Rendite werden die realisierten Einnahmen und die neuen Einnahmenschätzungen stärker abgezinst als im ursprünglichen Plan vorgesehen; dadurch verschiebt sich ein Teil des Gewinnes in die Zukunft, selbst dann, wenn die Steigerung der Rendite nur darauf zurückzuführen ist, daß das Ist die Erwartungen übertroffen hat und die Plandaten für die Zukunft nicht geändert werden. Ist dagegen das Ist erwartungsgemäß eingetreten und werden nur die Zukunftserwartungen verbessert, so führt dies zu einer Verminderung des realisierten Periodengewinns gegenüber dem Planansatz. Das Management kann also durch „Hockey Sticks" in den Erwartungen nicht die gegenwärtigen Gewinne erhöhen. Eine Möglichkeit den Gewinn nach oben zu manipulieren, besteht lediglich darin, in der Abrechnungsperiode aufgetretene ungeplante Einnahmen als zeitliche Vorverschiebung von Cash Flows zu deuten. Dabei erhöhen sich aber auch die Abschreibungen entsprechend, so daß diese Möglichkeit kaum ins Gewicht fallen dürfte. Die Unempfindlichkeit gegenüber Hockey-Stick-Erwartungsbildung macht das Erfolgskonzepts für Controlling-Zwecke besonders interessant.

Man mag fragen, ob der gestiegene interne Zinsfuß als Kapitalkostensteigerung zu interpretieren sei. Aber eine unerwartet gute Performance in der Abrechnungsperiode darf nicht zu einer Senkung des Anspruchsniveaus für die Rendite der verbleibenden Perioden des Plans führen. Deshalb muß sie als Verbesserung der erwarteten Wiederanlagerendite gedeutet werden. Die Anpassung der Renditeerwartung soll sicherstellen, daß die in dem Plan ausgewiesenen Chancen nicht unkontrolliert vertan werden.

Probleme treten auf, wenn neue Eigenkapitalgeber aufgenommen werden sollen; denn diese sollen i.d.R. nur die niedrigeren marktüblichen Eigenkapitalkosten vergütet erhalten, während die höhere Rendite nur den alten Eigenkapitalgebern zusteht. In diesem Fall wird man die Planperiode aufteilen und den Plan für die Teilperiode nach Eintritt der neuen Eigenkapitalgeber durch eine fiktive Ausgleichszahlung der neuen an die alten ergänzen, die die Rendite des alten Planabschnittes erhöht und die des neuen senkt. Dies ist ähnlich zu dem Ausgleich der Kapitalverwässerung bei Neuemissionen durch Bezugsrechte.

2. Der Fall negativer Renditeabweichung

Tabelle 1' zeigt eine Revision der Beispielsdaten für den Fall, daß der realisierte Cash Flow hinter den Erwartungen zurückbleibt.

Tab. 1': Revidierte Einnahmen – Ausgaben: (Daten nach einem Jahr)

Periode:	0	1	2	3	4	5
B & G	−50			−50		
Maschine	−200					
Material		−40	−50	−50	−50	−50
Löhne		−60	−60	−60	−60	−60
Erlöse		160	200	200	200	200
Finanzinvestition I	−10	−50	−20	−20	−55	
Einnahmen		10,50	52,50	21	21	57,75
Finanzinvestition II			−95	−102,60	−110,81	
Einnahmen				102,60	110,81	119,67
Kasse	−5	−0,45	−2,90	−3,10	−2,55	
		5	0,45	2,90	3,10	2,55
Fremdkapital:						
Zero-Bond 8,9977%	65					−100
Annuitäten-Darlehen 8%	100	−25,05	−25,05	−25,05	−25,05	−25,05
Eigenkapital:						
Einlagen – Entnahmen	100	0	0	−15,75	−31,50	−144,93

Tab. 2': Ausstehendes Kapital (Kapitalstruktur)

Periode:	0	1	2	3	4	5
FK-Ansprüche:	65,00	70,85	77,22	84,17	91,75	−0,00
	100,00	82,95	64,55	44,66	23,19	−0,00
EK-Anspruch:	100,00	96,61	116,74	125,32	119,93	−0,00
WACC:		0,1309	0,1324	0,1410	0,1466	0,1495
Diskontfaktoren	1,0000	0,8842	0,7809	0,6844	0,5969	0,5193
		1,0000	0,8831	0,7740	0,6750	0,5872
			1,0000	0,8764	0,7644	0,6650
				1,0000	0,8721	0,7587
					1,0000	0,8700

Bleibt der realisierte Cash Flow hinter den Erwartungen zurück oder müssen Zukunftserwartungen nach unten korrigiert werden, so gelten die Kapitalkosten des ursprünglichen Plans verändert weiter. Daher enthalten die Cash Flows der Abrechnungsperiode und der künftigen Planperioden nicht mehr genügend Abschreibungspotential, um die vollen Anschaffungskosten zu decken. Die Differenz mindert das Eigenkapital sofort zum Ende der Abrechnungsperiode. Infolge dieses Verlustes ändert sich die Kapitalstruktur des Unternehmens. Da das Eigenkapital abnimmt, nimmt das Gewicht der Eigenkapitalrendite in WACC ab und damit auch WACC des revidierten Budgets selbst. Tabelle 2' zeigt den Verlauf des virtuellen Eigenkapitals für die revidierte Eigenkapitalzahlungsreihe, aber mit der alten Eigenkapitalrendite.

Die Bilanzierung läuft nun wie gewohnt ab. Nur ist der verfügbare Cash Flow der Abrechnungsperiode in Tabelle 4 zu Lasten des Eigenkapitals so zu erhöhen, daß die Abschreibungsgrundbeträge am Ende des Planzeitraums voll abgeschrieben sind. Die geänderte Tabelle ist als Tabelle 4' gezeigt.

Tab. 4': Bilanzplanung: Unbekannter Kapitalbindungsverlauf

Periode:	0	1	2	3	4	5
Investitionsausgaben						
B & G	50	0	0	33,91	0	0
Maschine	200	0	0	0	0	0
Summe (283.91)	250	0	0	33,91	0	0
Rest-Cash Flow:		58,54	85,82	81,98	80,78	76,45
(unter Berücksichtigung der negativen Rest-Rückflüsse des Finanzbereichs)						
Enthaltene Abschreibungen						
(Summe 262,80)		51,76	67,02	56,11	48,22	39,70
Nach Ergänzung des Abschreibungspotentials zu Lasten des Eigenkapitals:						
Summe 284,22		73,18	67,02	56,11	48,22	39,70
Abschreibungspotential:	250,00	176,72	109,80	87,91	39,70	0,00

Tab. 9': Bilanz

	Periode:	0	1	2	3	4	5
Aktiva	B & G	50,00	31,36	14,29	50,00	22,58	0,00
	Maschine	200,00	145,46	95,51	53,69	24,25	0,00
	Fin-Inv I	10,00	50,00	20,00	20,00	55,00	0,00
	Fin-Inv II	0,00	0,00	95,00	102,60	110,81	0,00
	Kasse	5,00	0,45	2,90	3,10	2,55	0,00
	Summe	265,00	227,27	227,70	229,39	215,18	0,00
Passiva	Eigenkapital	100,00	73,46	85,93	100,56	100,25	0,00
	Zero-Bond	65,00	70,85	77,22	84,17	91,75	0,00
	Annuitäten-D.	100,00	82,95	64,55	44,66	23,19	0,00
	Summe	265,00	227,27	227,70	229,39	215,18	−0,00
GuV	Umsatzerlöse		160,00	200,00	200,00	200,00	200,00
	Materialaufwand		40,00	50,00	50,00	50,00	50,00
	Personalaufwand		60,00	60,00	60,00	60,00	60,00
	Abschreibungen		73,18	67,02	56,11	56,87	46,82
	Zinsen u. ä. Ertr.		0,50	2,50	8,60	9,21	11,61
	Zinsen u. ä. Aufw.		13,85	13,01	12,11	11,15	10,11
	Jahresüberschuß...		−26,53	12,47	30,38	31,19	44,68

Tabelle 9' zeigt das Ergebnis. Die Abschreibungen der Verlustperiode fallen geringer aus als geplant, weil die Kapitalkosten wegen der Kapitalstrukturänderung gesunken sind.

IV. Rollierende Fortschreibung des Budgets

Der letzte Schritt eines Zyklus im System der Erfolgsplanung und -kontrolle ist die Fortschreibung des Budgets. Sie muß das Investitionsbudget in einen Zustand versetzen, auf den der erste Verfahrensschritt erneut angewandt werden kann. Dazu sind zunächst die Kapitalfreisetzungen für die in den Perioden τ vor der Abrechnungsperiode t angeschafften Aktiva von den in den betreffenden Spalten übriggebliebenen Restwerten abzusetzen. Sie belasten den Cash Flow der Abrechnungsperiode t in mit dem Faktor $1/q\,(\tau, t)$ aufgezinster Höhe der gemäß Tabelle 7 ermittelten Abschreibungen bzw. der bekannten Freisetzungsbeträge. Im Beispiel ist t = 1 und daher kommen nur Freisetzungen in der Gründungsperiode 0 vor. Jede Freisetzung in Periode 0 entspricht eine Belastung von Cash Flow in Periode 1 (negatives Vorzeichen) in der aufgezinsten Höhe. Im Effekt werden Abschreibungen auf Sachanlagen vorgenommen und Auszahlungen der Finanzinvestitionen in Spalte 0 zum Verschwinden gebracht, indem man in Spalte 1 den mit WACC aufgezinsten Betrag addiert und dafür in Spalte 0 den nicht aufgezinsten Betrag abzieht. Es handelt sich sozusagen um doppelte Buchhaltung mit Drift.

Tab. 12: Planfortschreibung nach einem Jahr

Periode:	0	1
B & G	−50	
Abschreibung	18,64	−21,08
Maschine	−200	
Abschreibung	54,54	−61,68
Material		−40
Löhne		−60
Erlöse		160
Finanzinvestition I	−10	−50
Freisetzung	10	−11,31
Einnahmen		10,50
Finanzinvestition II		
Einnahmen		
Kasse	−5	−0,45
Freisetzung	5	−5,65
		5
Fremdkapital:		
Zero-Bond 8,9977%	65	
Umbuchung	−65	70,85
Anuitäten-Darlehen 8%	100	−25,05
Umbuchung	−100	108
Eigenkapital:		
Einlagen−Entnahmen	100	0
Umbuchung	−100	120,84

Analog verfährt man mit den Fremdkapitalposten in Spalte 0. Sie haben sich während der Periode um die kontraktgemäßen Zinsen erhöht. Zu Lasten der Einnahmen im Vermögensbereich wurden aber neben den Kapitalfreisetzungen auch die Kapitalkosten kassenwirksam verrechnet; insofern die Kapitalkosten kreditiert wurden, muß dies also rückgängig gemacht werden, was sich als positive Cash Flow-Komponente auswirkt. Im Effekt erscheinen im fortgeschriebenen Budget die Bilanzwerte der Fremdkapitalposten als erhaltene Einzahlungen aus Fremdkapitalaufnahme, als „Einnahme, noch nicht Ausgabe" im Sinne Schmalenbachs. Bei dem Zero-Bond wurden die Zinsen voll kreditiert, bei ihm erscheint also die Summe der bisher aus diesem Kontrakt erhaltenen Einzahlungen in Periode 1 des fortgeführten Budgets. Ähnlich ergibt sich der Einzahlungsrest für das Annuitätendarlehen aus der Einzahlung in Periode null, vermehrt um die Zinsen, vermindert um die Auszahlung in Periode 1. Wie für das Fremdkapital die bisher erhaltenen Einzahlungen im fortgeführten Budget erscheinen, so weist diese in der Zeile „Einlagen−Entnahmen" das virtuelle Eigenkapital aus, als den von den Eigenkapitalgebern eingelegten Betrag vermehrt um realisierte und nicht realisierte Gewinne, vermindert um Entnahmen und die bei unerwartet niedrigen Cash Flows zur Aufrechterhaltung des Eigenkapitalrenditeziels benötigten Ergänzungsbeträge. Die bisher beschriebenen Cash Flow-Wirkungen in Periode 1 sind in Tabelle 12 gezeigt. Beim Eigenkapital ist allerdings der Ergänzungsbetrag noch nicht berücksichtigt; es wurde lediglich der Soll-

Tab. 13: Planfortschreibung nach einem Jahr: Endergebnis

Periode:	0	1	2	3	4	5
B & G	−31,36			−50		
Maschine	−145,46					
Material			−50	−50	−50	−50
Löhne			−60	−60	−60	−60
Erlöse			200	200	200	200
Finanzinvestition I	0	−50	−20	−20	−55	
Einnahmen			52,50	21	21	57,75
Finanzinvestition II			−95	−102,60	−110,81	
Einnahmen				102,60	110,81	119,67
Kasse	0	−0,45	−2,90	−3,10	−2,55	
			0,45	2,90	3,10	2,55
Fremdkapital:						
Zero-Bond 8,9977%	0	70,85	0	0	0	−100
Annuitäten-Darlehen 8%		82,95	−25,05	−25,05	−25,05	−25,05
Eigenkapital:						
Einlagen−Entnahmen 20,8414%		96,61	0	−15,75	−31,50	−144,93

gewinn aus Periode 1 in Höhe der Verzinsung des virtuellen Eigenkapitals mit der planmäßigen Eigenkapitalrendite berücksichtigt.

Tabelle 13 saldiert dann sämtliche abgerechneten Cash Flows der Periode 1 gegen die Eigenkapital-Zahlungsreihe. Damit wird auch der Ergänzungsbetrag berücksichtigt. Es bleiben nur die Einzahlungs- und Auszahlungsreste der Bilanzposten im Budget stehen. Die sich ergebende Eigenkapitalzahlungsreihe weist als internen Zinsfuß genau die planmäßige Eigenkapitalrendite auf. Da eine Überwachung des finanziellen Gleichgewichts für die abgerechneten Perioden nicht notwendig ist, brauchen sich Einzahlungen und Auszahlungen nicht mehr in beiden Spalten auszugleichen. Ein Ausgleich ergibt sich in Spalte 1 erst nach Hinzuaddieren der aufgezinsten Posten der Spalte null. Damit ist ein Zustand des fortgeführten Budgets erreicht, der der dargestellten Abrechnungsprozedur wieder unterworfen werden kann. Das Budget arbeitet mit dem virtuellen, nicht dem bilanziellen Eigenkapital. Weiter wäre das Budget in die Zukunft fortzuschreiben; in Tabelle 13 wurde auf die Planung der Periode 6 aber verzichtet.

C. Schluß

Die obigen Ausführungen haben die kalkülmäßige Durchführung der Synthetischen Bilanz im Rahmen eines rollierenden Systems der Investitionsbudgetierung skizziert. An Interpretation und Auswertung bleibt noch viel zu tun: Die ökonomische Bedeutung der Einzelwerte bleibt zu klären, wobei die hier vorgeschlagene Formulierung der Aufteilungsregel sich als änderungsbedürftig erweisen könnte. Auch bleiben Steuern und andere Zwangsausschüttungen einzubeziehen.

Reizvoll wäre, die Eignung des Konzepts als deskriptive Theorie der externen Rechnungslegung zu untersuchen. Dazu könnte man Adler-Düring-Schmaltz durchgehen und die dort gegebenen Bewertungsgrundsätze mit denen nach der Synthetischen Bilanz vergleichen.

Unter Controlling-Aspekten wären Planungsgrundsätze zu entwickeln, die bestimmen, unter welchen Bedingungen einer Ausgabe zukünftige Einnahmen zugeordnet werden können. Damit wäre dann das Problem der Bilanzfähigkeit gelöst; je nach der Gestaltung dieser Grundsätze sind auch strategische Aktiva bilanzfähig, wodurch die Erfolgsrechnung an Relevanz zurückgewänne.

Weiter wären die Anreizeigenschaften des skizzierten Planungs- und Kontrollsystems im Zusammenhang mit erfolgsabhängiger Management-Kompensation und die Möglichkeiten der „Bilanzpolitik" zu Lasten der Kapitalgeber zu untersuchen.

Anmerkungen

* Schriftfassung eines Beitrags zum Festkolloquium anläßlich der Ehrenpromotion von Horst Albach durch die Fakultät für Wirtschaftswissenschaften an der Universität Bielefeld am 25. September 1991

1 Albach, Horst, Zur Bewertung von Wirtschaftsgütern mit dem Teilwert, in: Die Wirtschaftsprüfung Heft 23/1963, S. 624–631; ders.: Betriebswirtschaftslehre und Bilanzrecht, Diskussionsbeitrag, vorgetragen auf der Tagung des Vereins für Socialpolitik vom 14.–15. Oktober 1963 in Würzburg und veröffentlicht in: „Das Verhältnis der Wirtschaftswissenschaft zur Rechtswissenschaft", Schriften des Vereins für Socialpolitik, Neue Folge, Band 33 (1964) S. 142 ff. Unter dem Titel: „Grundgedanken eines synthetischen Bilanztheorie" nochmals veröffentlicht in: Zeitschrift für Bebtriebswirtschaft (ZfB), 35. Jahrgang (1965), S. 21–31.

2 Gerhard Seicht stellt Albachs Konzept in seinem Buch: „Die kapitaltheoretische Bilanz und die Entwicklung der Bilanztheorien", Berlin (Duncker & Humblot) 1970, S. 552–557, zwar ausführlich dar, aber nur, um es anschließend zu zertrümmern und aus den Ruinen eine eigene „Kapitaltheoretische Bilanz" erstehen zu lassen. Dieter Schneider verreißt in seinem Aufsatz: „Renaissance der Bilanztheorie?" in: Schmalenbachs Zeitschrift für betriebswirtschaftliche Forschung, Neue Folge, Band 25 (1973) Seite 29–57 Seichts Buch, stimmt aber dessen Kritik an Albach zu (a.a.O. Seite 36); seine Ansicht, die innere Widersprüchlichkeit von Albachs Ansatz sei offenkundig (a.a.O.), scheint die herrschende Meinung wiederzugeben. – Die gebräuchlichen Lehrbücher der Bilanzierung erwähnen die Synthetische Bilanz entweder nicht oder allenfalls im Literaturverzeichnis. Nur Edmund Heinen (Handelsbilanzen, 12. Aufl. 1986, S. 89) wirft sie auf einer Drittelseite mit der Seicht'schen Auffassung in einen Topf und kritisiert, das Anschaffungswertprinzip werde verletzt, „wenn die Einzahlungsüberschüsse in der Zeit nach der Gründung hinter der Aufzinsung des Ertragswertes zurückbleiben." Diese Kritik trifft, wie zu zeigen sein wird, die Synthetische Bilanz nicht.

3 „Grundgedanken" a.a.O., S. 21 (Vorspann)

4 Rieger, Wilhelm, Einführung in die Privatwirtschaftslehre, Nürnberg 1928, S. 213. Siehe auch Gümbel, Rudolf: Die Bilanztheorie Wilhelm Riegers. Eine kritische Analyse ihrer Aussagen und ihrer Entwicklungsmöglichkeiten, in: ZfB, 36. Jahrgang, (1966) S. 333–367.

5 Watts, Ross L. und Jerold L. Zimmerman, Positive Accounting Theory, Englewood Cliffs (Prentice Hall) 1986, Chapter one.

6 Siehe hierzu: Dieter Schneider, Bilanzgewinn und ökonomische Theorie in: Zeitschrift für handelswissenschaftliche Forschung 1963, S. 437–474.

7 William Beaver: Financial Reporting – An Accounting Revolution, 2nd ed. Englewood Cliffs (Prentice Hall) 1989, p. 77–102.

8 H. Thomas Johnson und Robert S. Kaplan: Relevance Lost: The Rise and Fall of Management Accounting, Boston (Harvard Business School Press) 1987.
9 Dieser Ausgleich ließ sich mit einem Tabellenkalkulationsprogramm bequem bewerkstelligen. Finanzinvestitionen und Kasse wurden am Ende so angepaßt, daß sich Ausschüttungen im Einklang mit dem resultierenden Gewinnausweis ergaben. Das Worksheet mit den vollständigen Berechnungen zur Synthetischen Bilanz für das Beispiel kann im .WKS- oder .WQ1-Format durch Einsendung einer unter MS-DOS formatierten Leerdiskette an den Verfasser angefordert werden.
10 Wie auch schon in „Investition und Liquidität" (Wiesbaden 1962, S. 86 f., 220 f)

Zusammenfassung

Der Aufsatz befaßt sich mit einem bilanziellen Erfolgsmessungskonzept auf der Basis des Kapitalbudgets, das bereits 1963 von Horst Albach vorgeschlagen wurde. Das Konzept kann als Modifikation des „ökonomischen Gewinns" verstanden werden, setzt aber anders als dieser, keine vollkommenen, vollständigen Kapitalmärkte voraus. Stattdessen beruht es auf der Annahme, daß das Management sich durch das Kapitalbudget darauf verpflichtet, bis zum Planungshorizont eine bestimmte konstante Eigenkapitalrentabilität zu erzielen. Diese Zielertragsrate stimmt mit dem im Kapitalbudget vorgesehenen internen Zinsfuß des Eigenkapital-Zahlungsstroms überein. Die Vermögensbewertung ist so geregelt, daß einerseits das ausgewiesene investierte Kapital dem Kapitalbudget gemäß eine zukünftige Rendite erwirtschaftet, die der Zielrendite des Eigenkapitals entspricht, daß aber andererseits konventionelle Buchführungsgrundsätze wie das Anschaffungswertprinzip und das Realisationsprinzip beachtet werden. Reichen die gemäß dem fortgeschriebenen Kapitalbudget erwarteten Cash Flows nicht aus, um das Renditeziel zu erreichen, so wird das investierte Kapital abgeschrieben, bis dies der Fall ist. Sind dagegen die Erwartungen im fortgeschriebenen Budget günstiger als ursprünglich, so führt das nicht zu einem Gewinn in der Gegenwart, sondern zur Anpassung des Ertragsziels nach oben. Besonders unter Controlling-Gesichtspunkten hat dieses Konzept wünschenswerte Eigenschaften.

Summary

The paper deals with a concept of earnings measurement based on a firm's capital budget which has been proposed by Horst Albach already in 1963. The concept can be understood as a modification of the well known notion of economic earnings. While the latter presupposes a perfect and complete capital market, Albachs concept does not. Instead it is based on the assumption that management commit themselves by the capital budget to the promise of a certain constant rate of return on owners' equity for the time until the budget horizon. This target rate of return is equal to the internal rate of return of the owners' investment as planned in the budget. Valuation of assets is determined such that, according to the capital budget, reported capital investment is expected to earn the target rate of return in the future while, at the same time, conventional accounting principles

81

such as historical cost and realization are met. If either planned or past cash flows (in the updated budget) are not sufficient to yield the target rate on the original investment, then this is written off accordingly which lowers current earnings. If, however, expectations or accounting cash flows deviate from the plan favorably then the target rate rises, not current profit. This concept can be argued to have acceptable properties for purposes of management control and as a basis for compensation in agency contracts.

Koordinationsmechanismen in der hierarchischen Planung

Von Klaus-Peter Kistner

Überblick

- Hierarchische Planungssysteme können aus dem Dilemma herausführen, daß simultane Planung praktisch nicht möglich ist, eine sukzessive Planung hingegen weder optimale noch immer zulässige Lösungen garantiert.
- Hierarchische Planung nutzt Strukturen des Planungsprozesses aus, die es erlauben, teilweise sukzessiv zu planen, wenn geeignete Koordinationsmechanismen verfügbar sind.
- Hierarchische Planung kann als heuristische Dekomposition von Entscheidungsproblemen angesehen werden.
- Hierarchische Planungssysteme können zur Koordination teilweise auf formale Modelle zurückgreifen.
- Hierarchische Planungssysteme können insbesondere interaktiv von Entscheidungsgremien genutzt werden.

A. Einleitung

Eine der zentralen Aussagen der Betriebswirtschaftslehre ist, daß sukzessive Planungsverfahren, welche die betrieblichen Interdependenzen vernachlässigen, zu einer Fehlsteuerung führen und daher durch simultane Planungsverfahren zu ersetzen sind. Dementsprechend wurden in den sechziger und siebziger Jahren Totalmodelle entwickelt, die die Interdependenzen zwischen den betrieblichen Funktionsbereichen explizit abbilden: Ausgehend von Modellen der Investitionsplanung wurden zunächst die Finanzplanung (vgl. ALBACH, 1962; WEINGARTNER, 1963) bzw. die Produktionsplanung (vgl. JACOB, 1964) integriert; die weitere Entwicklung führte zu Totalmodellen, die sämtliche betrieblichen Teilbereiche umfassen (vgl. z. B. ROSENBERG, 1975) bzw. sämtliche Interdependenzen innerhalb eines betrieblichen Teilbereichs explizit erfassen (vgl. z. B. KÜPPER, 1980).

Trotz großer Resonanz in der betriebswirtschaftlichen Forschung fanden derartige Ansätze in der betrieblichen Praxis äußerst wenig Interesse. Sieht man davon ab, daß die auf der Grundlage der mathematischen Programmierung entwickelten Modelle auf erhebliche Verständnisschwierigkeiten stießen, dann sind insbesondere folgende Gründe für die mangelhafte Akzeptanz betrieblicher Totalmodelle in der Praxis anzuführen (vgl. KISTNER/SWITALSKI, 1989 b):

(1) Die meisten betrieblichen Totalmodelle vernachlässigen organisatorische Strukturen und Verantwortungsbereiche; sie unterstützen eine stark zentralisierte Entscheidungsfindung. Daher stoßen sie auf den Widerstand von Entscheidungsträgern, die befürchten, daß ihre Entscheidungskompetenz und ihr Einfluß durch die Zentralisierung der Entscheidungen eingeschränkt werden.

(2) Totalmodelle der betrieblichen Planung setzen die Bereitstellung und Pflege großer Datenmengen voraus; obwohl ein großer Teil derartiger Daten in den in der Praxis üblichen PPS-Systemen und Unternehmensmodellen verfügbar ist, wird immer noch der Aufwand für Datenbeschaffung und Datenpflege für betriebliche Totalmodelle als prohibitiv angesehen.

(3) Viele Entscheidungen und deren Konsequenzen lassen sich nur mit Hilfe logischer Variablen abbilden; betriebliche Totalmodelle werden daher meist als gemischt-ganzzahlige Programme formuliert. Deren Komplexität macht es aber unmöglich, Modelle in praxisrelevanter Größenordnung mit angemessenem Rechenaufwand numerisch zu lösen. Die Bedeutung von Totalmodellen ist daher weniger in ihrer praktischen Anwendung zu sehen als in der Tatsache, daß sie die Interdependenzen zwischen den betrieblichen Entscheidungsbereichen und deren Struktur aufzeigen und Anhaltspunkte dafür geben, welche Interdependenzen im Planungsprozeß zu berücksichtigen sind.

Geht man davon aus, daß die Begriffe „Simultanplanung" und „Planung mit Hilfe von Totalmodellen" synonym zu verwenden sind, dann folgt aus der Unlösbarkeit von Totalmodellen die Unmöglichkeit der Simultanplanung. Es ist jedoch sinnvoll, zwischen Planungsmodellen und Planungskonzepten zu unterscheiden, da es durchaus möglich ist, eine Simultanplanung durchzuführen, die versucht, betriebliche Interdependenzen soweit wie möglich zu berücksichtigen und dabei Partialmodelle verschiedener betrieblicher

Entscheidungssituationen einsetzt. Als Beispiel für derartige Planungskonzepte können die Systeme der hierarchischen Planung angesehen werden.

Die hierarchische Planung geht von folgenden Überlegungen aus:

(1) Das Entscheidungsfeld ist sachlich strukturiert; es läßt sich so in organisatorische Einheiten gliedern, daß große Interdependenzen innerhalb dieser Entscheidungsbereiche bestehen, während sich die Beziehungen zwischen diesen Einheiten in wenigen Schnittstellen erfassen lassen.

(2) Es besteht eine zeitliche Struktur des Entscheidungsfeldes; insbesondere treten neben Entscheidungen mit langfristigen Wirkungen und Bindungen auch kurzfristige Entscheidungen auf, die den Betrieb nur für einen kürzeren oder mittelfristigen Zeitraum binden und relativ leicht revidierbar sind. Vielfach besteht eine enge Beziehung zwischen der Fristigkeit und der Detailliertheit der Entscheidungen und der erforderlichen Daten: Je kurzfristiger die Entscheidungen, desto feiner ist zu planen und desto genauere Daten sind zur Entscheidungsfindung heranzuziehen. Während eine langfristige Budgetplanung von relativ ungenauen Schätzungen künftiger Zahlungsströme ausgehen muß, benötigt die kurzfristige Maschinenbelegungsplanung sehr genaue Informationen über die vorliegenden Aufträge und Liefertermine sowie über technische Bedingungen wie Maschinenfolgen und Bearbeitungszeiten.

(3) Aus der sachlichen und zeitlichen Strukturierung folgt vielfach eine hierarchische Struktur des Entscheidungsprozesses: Entscheidungen in bestimmten Bereichen führen zu Vorgaben für nachgelagerte Stufen, deren Planung keine Rückwirkungen auf die vorgelagerten Bereiche hat. Weiter können Entscheidungen auf den unteren Stufen vielfach auf den oberen Ebenen nicht mehr berücksichtigt werden, weil diese ihre Planung zeitlich vor dem Planungsbeginn auf den unteren Ebenen abgeschlossen haben müssen.

In linearen Planungsmodellen zeigt sich eine derartige Strukturierung des Entscheidungsfeldes darin, daß die Koeffizientenmatrix weitgehend blockdiagonal ist; zeitliche und sachliche Interdependenzen führen zu Kopplungsbedingungen, die mehrere Blöcke miteinander verbinden. Lassen sich diese – wie in Abbildung 1 – so anordnen, daß der entsprechende Teil der Koeffizientenmatrix triangulär ist, dann ließe sich eine strenge Hierarchie der Entscheidungsbereiche konstruieren, so daß eine sukzessive Entscheidungsfindung möglich ist: Es werden zunächst die Entscheidungen in den übergeordneten Bereichen getroffen, die zu Vorgaben für die nachgeordneten Bereiche führen und von diesen bei der Entscheidungsfindung zu berücksichtigen sind.

Systeme der hierarchischen Planung knüpfen an derartige Strukturen an und versuchen, sukzessive Entscheidungsprozesse zu installieren, die weitgehend den Anforderungen an eine Simultanplanung genügen. Im Idealfall können Entscheidungsbereiche gebildet werden, zwischen denen hierarchische Beziehungen bestehen, so daß Entscheidungen der übergeordneten Ebenen zwar das Entscheidungsfeld nachgeordneter Bereiche beeinflussen, aber keine Rückkopplungen zu berücksichtigen sind. In einem sukzessiven Prozeß werden zunächst Entscheidungen in den übergeordneten Bereichen getroffen, aus denen Vorgaben hergeleitet werden, die bei der Planung der nachgeordneten Bereiche zu berücksichtigen sind (zu hierarchischen Planungssystemen vgl. MESAROVIC/ MACKO/TAKAHARA, 1970).

Abb. 1: Hierarchische Struktur eines Entscheidungsprozesses

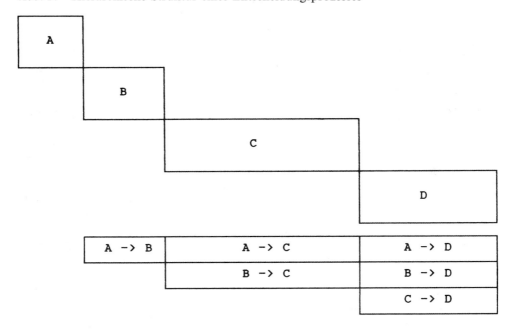

Bei der Hierarchisierung der Entscheidungsprozesse können vielfach bestehende organisatorische Strukturen genutzt bzw. diese an die Erfordernisse eines hierarchischen Planungsprozesses angepaßt werden.

Dabei ist allerdings zu beachten, daß bei betrieblichen Planungsproblemen nur selten rein hierarchische Strukturen auftreten; vielmehr sind meistens wechselseitige Beziehungen zwischen den Planungsebenen zu berücksichtigen. Darüber hinaus fehlen in den übergeordneten Bereichen vielfach Informationen über Rahmenbedingungen und Restriktionen der untergeordneten Stellen. Der hierarchische Planungsprozeß ist durch Rückkopplungen zwischen den einzelnen Ebenen und um Koordinationsmechanismen zur Abstimmung zwischen gleichgeordneten Bereichen zu ergänzen.

Im folgenden sind daher Möglichkeiten zu untersuchen, wie im Rahmen hierarchischer Entscheidungsprozesse eine Rückkopplung zwischen verschiedenen Stufen des Entscheidungsprozesses und eine Koordination der Entscheidungen der einzelnen Teilbereiche erreicht werden kann. Hierbei kann davon ausgegangen werden, daß sich die Interdependenzen zwischen den Teilbereichen meist in wenigen, kontrollierbaren Schnittstellen erfassen lassen.

86

B. Hierarchische Produktionsplanung als System der Simultanplanung

I. Grundgedanken der hierarchischen Produktionsplanung

1. Das Modell von HAX und MEAL

Da die meisten Ergebnisse über hierarchische Systeme für den Fall der Produktionsplanung vorliegen, steht die hierarchische Produktionsplanung im Mittelpunkt der folgenden Überlegungen. Das Konzept der hierarchischen Produktionsplanung wurde von einer Arbeitsgruppe um HAX am Massachusetts Instutitute of Technology für den Fall der Großserienfertigung entwickelt (vgl. hierzu: HAX/ MEAL, 1975; HAX/GOLOVIN, 1978; HAX, 1978; HAX/BITRAN, 1979; HAX/ CANDEA, 1984; zu neueren Entwicklungen vgl. insbesondere STADTLER, 1988; SWITALSKI, 1989).

Da im folgenden darauf zurückgegriffen wird, soll zunächst das Grundmodell von HAX/MEAL skizziert werden. In diesem Modell orientiert sich die Hierarchisierung an Produkteigenschaften; es werden drei Hierarchiestufen, die sich durch einen unterschiedlichen Aggregationsgrad unterscheiden, gebildet:

(1) Auf der *Artikelebene* sind detaillierte Losgrößenentscheidungen für Produkte zu treffen.
(2) In *Produktfamilien* werden Artikel zusammengefaßt, die produktionstechnisch so eng verwandt sind, daß bei Umstellung der Produktion von einem Artikel zu einem anderen keine oder nur geringfügige Rüstkosten anfallen. Es ist daher sinnvoll, Lose aller Artikel, die zu einer Produktfamilie gehören, hintereinander zu bearbeiten, um Rüstkosten einzusparen.
(3) Produktfamilien, die sich nur wenig in den Lagerhaltungskosten unterscheiden und deren Nachfrage einen ähnlichen saisonalen Verlauf aufweist, werden zu *Produktgruppen* zusammengefaßt.

Auf der obersten Stufe des Planungsprozesses erfolgt eine aggregierte Planung für die Produktgruppen, in der Vorgabemengen X_{jt} für die einzelnen Produktgruppen $j = 1, \ldots, m$ in den Perioden $t = 1, \ldots, T$ festgelegt werden. Als Planungshorizont wird ein Jahr bzw. ein Saisonzyklus angesetzt; der Planungszeitraum wird in mehrere Teilperioden aufgeteilt. Die Planung erfolgt rollierend, d.h. die Vorgaben für die erste Planperiode binden die nachgelagerten Ebenen, die Planung für die restlichen Perioden ist hingegen vorläufig; sie soll zeitliche Interdependenzen berücksichtigen und insbesondere einen Ausgleich der Kapazitätsauslastung im Zeitablauf sicherstellen.

Die aggregierte Planung wird durch ein Modell der linearen Programmierung zur Bestimmung optimaler Vorgabemengen für die einzelnen Produktgruppen unterstützt. Zielfunktion des Modells ist die Minimierung der Lagerhaltungskosten sowie der Produktionskosten, die sich aus Lohnkosten, Überstundenzuschlägen und sonstigen variablen Fertigungskosten zusammensetzen. Als Restriktionen werden die aggregierte Nachfrage nach den in den einzelnen Gruppen zusammengefaßten Artikeln, die verfügbaren Kapazitäten – gemessen in Arbeitsstunden – und Lagerbilanzgleichungen berücksichtigt.

Auf der zweiten Ebene, der Planung der Produktfamilien, werden die Vorgaben X_{j1} der Produktgruppenplanung auf die zu einer Produktgruppe j gehörenden Produktfamilien so aufgeteilt, daß die Produktionsmengen innerhalb von extern bestimmten Obergrenzen x_i^{max} und Untergrenzen x_i^{min} für die aggregierten Produktionsmengen der einzelnen Produktfamilien liegen.

Die Zuteilung der aggregierten Produktionsmenge X_j auf die Produktfamilien $i \in I_j$, die in der nächsten Periode auslaufen, kann als konvexes, nicht-ganzzahliges Knapsackproblem formuliert und mit Hilfe eines von BITRAN/HAX (1981) formulierten iterativen Algorithmus gelöst werden.

An die Produktfamilienplanung schließt sich die Losgrößenplanung für die einzelnen Artikel an. Die Losgrößen q_k der zu einer Produktfamilie j gehörenden Artikel sind so zu bestimmen, daß deren Auslaufzeiten soweit wie möglich übereinstimmen. Hierdurch wird erreicht, daß alle Artikel einer Familie in der gleichen Teilperiode produziert werden und die Rüstkosten nur einmal anfallen. Wie bei der Planung der Produktfamilien ist zu berücksichtigen, daß die Losgrößen der einzelnen Artikel innerhalb eines vorgegebenen Intervalls $[q_k^{min}, q_k^{max}]$ liegen sollen.

Dieses Aufteilungsproblem läßt sich dann ebenfalls als ein konvexes Knapsackproblem formulieren, das mit Hilfe des Algorithmus von BITRAN/HAX (1981) gelöst werden kann.

Wegen der unvermeidlichen Aggregationsfehler, aber auch wegen der Proportionalisierung der Rüstkosten bei der Planung der Produktfamilien, garantiert das Verfahren keine optimalen Lösungen. Es läßt sich jedoch zeigen, daß zumindest eine gewisse Konsistenz im Rahmen einer rollierenden Planung gewährleistet ist: Das Knapsackmodell kann gewährleisten, daß die disaggregierte Planung der ersten Periode so erfolgt, daß auch in den folgenden Perioden zulässige Lösungen existieren, falls keine gravierenden Datenänderungen auftreten (vgl. hierzu: FONTAN/IMBERT/MERCE, 1985; ERSCHLER/FONTAN/MERCE, 1986).

Das Modell von HAX/MEAL geht von einer sehr einfachen Produktionsstruktur aus; Kapazitätsrestriktionen auf den unteren Planungsebenen werden nur sehr pauschal als Unter- und Obergrenzen für die Produktionsmengen und Losgrößen bei Produktfamilien- und Artikelplanung erfaßt. Darüber hinaus sind nur sehr einfache Koordinationsmechanismen vorgesehen: Das Knapsackmodell, das die Aufteilung der Vorgaben der übergeordneten Planung auf der nachgeordneten Ebene sicherstellt, Korrekturen der Planvorgaben, falls Unzulässigkeiten auftreten, und Planrevisionen im Rahmen einer rollierenden Planung. Darüber hinaus wird nicht deutlich, ob das Modell als ein hierarchisches Planungsverfahren oder lediglich als Algorithmus, der die Modellstruktur zur Konstruktion einer iterativen Lösungsheuristik ausnutzt, konzipiert ist.

2. Elemente der hierarchischen Produktionsplanung

Dennoch zeigt das Modell einige typische Elemente hierarchischer Planungssysteme auf, die im folgenden aufzuzeigen sind (vgl. hierzu: SWITALSKI, 1989, S. 64 ff.).

(a) Dekomposition:

Zerlegung des Planungsproblems in Teilbereiche mit möglichst wenigen, kontrollierten Schnittstellen.

Im Bereich der Produktionsplanung sind insbesondere die folgenden Teilprobleme zu berücksichtigen:

- Programmplanung und Kapazitätsallokation
- Materialbedarfsplanung
- Losgrößenplanung
- Reihenfolgeplanung

(b) Hierarchisierung:

Festlegung einer Rangordnung zwischen den Teilbereichen und Koordination durch Vorgaben der übergeordneten Bereiche für die nachgeordneten Ebenen. Bei der Konstruktion der Hierarchie ist zu beachten, daß möglichst wenige Rückkopplungen von der untergeordneten zur übergeordneten Ebene zu berücksichtigen sind. Neben sachlichen Aspekten ist insbesondere die zeitliche Struktur des Planungsprozesses zu beachten, da diese eine natürliche Entscheidungshierarchie impliziert.

(c) Aggregation:

Zusammenfassung von Daten und Entscheidungsvariablen mit den Zielen, die Datenmenge und die Modellkomplexität zu reduzieren sowie Prognosen zu erleichtern. Hierbei ist festzustellen, daß in der Regel mit der Hierarchie-Ebene der Aggregationsgrad steigt.

In der Produktionsplanung ergeben sich folgende Ansatzpunkte für die Aggregation (und damit auch für die Bildung von Hierarchie-Ebenen):

- Aggregation von Produkten: Modell von HAX/MEAL
- Aggregation von Kapazitäten:
  Flexible Fertigungssysteme
  Autonome Fertigungsinseln
- Aggregation hinsichtlich der Zeit: Zeitraster der Modelle

(d) Notwendigkeit von Koordinationsmechanismen:

Auch bei hierarchisch strukturierten Planungssystemen reicht eine reine Sukzessivplanung nicht aus. Vielmehr sind Rückkopplungen und iterative Abstimmungsmechanismen erforderlich. Diese Notwendigkeit ergibt sich insbesondere aus folgenden Gründen:

- Unvollkommene hierarchische Struktur des Planungssystems
- Fehlende Informationen der übergeordneten Ebene über Rahmenbedingungen und Restriktionen der nachgeordneten Bereiche
- Abstimmungsprobleme zwischen Bereichen auf der gleichen Ebene
- Unvermeidliche Disaggregationsfehler
- Reaktionen auf Datenänderungen

Im folgenden sind einige Ansätze zur Koordination der Planung in hierarchischen Planungssystemen, insbesondere zur Abstimmung zwischen übergeordneten und nachgeordneten Bereichen, zu untersuchen.

II. Theoretische Grundlagen der hierarchischen Planung

1. Das Dekompositionsprinzip der linearen Programmierung

Obwohl das Dekompositionsprinzip der linearen Programmierung ursprünglich von DANTZIG/WOLFE (1960) als Algorithmus zur Lösung von linearen Programmen mit teilweise blockdiagonaler Struktur entwickelt wurde, wurde schon früh auf die Möglichkeiten und Grenzen der Interpretation des Dekompositionsprinzips als Modell zur Koordination von Entscheidungen in teilweise dezentralisierten Organisationen hingewiesen (BAUMOL/FABIAN, 1964; vgl. hierzu u.a. ALBACH, 1967, 1974; HAX, 1965).

Das Dekompositionsprinzip der linearen Programmierung geht von der in Abbildung 2 wiedergegebenen teilweise blockdiagonalen Struktur der Koeffizientenmatrix aus.

Abb. 2: Teilweise blockdiagonale Struktur der Koeffizientenmatrix linearer Programme

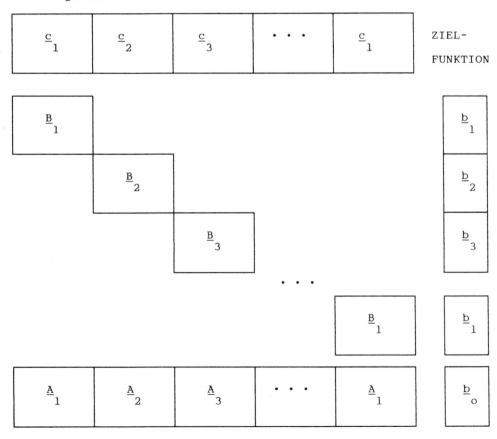

Wie man sieht, ist die in Abbildung 1 wiedergegebene hierarchische Struktur ein Spezialfall der vom Dekompositionsprinzip vorausgesetzten Struktur. Es ist daher zu prüfen, inwieweit es zur Lösung hierarchischer Planungsprobleme beitragen kann.

Um den Algorithmus von DANTZIG/WOLFE organisationstheoretisch interpretieren und auf die Problemstellung der hierarchischen Planung übertragen zu können, wird davon ausgegangen, daß die Abteilungen $k = 1, \ldots, l$ die Entscheidungsvariablen $\underline{x}_k$ ($k = 1, \ldots, l$) kontrollieren. Sie haben zu beachten, daß durch ihre Entscheidungen bestimmte Kapazitäten, die in beschränktem Maße verfügbar sind, in Anspruch genommen werden. Ein Teil dieser Kapazitäten wird ausschließlich von jeweils einer Abteilung beansprucht, andere werden von mehreren genutzt.

Die Abteilung k ($k = 1, \ldots, l$) muß bei ihren Entscheidungen die Restriktionen

$$\underline{B}_k \cdot \underline{x}_k \leq \underline{b}_k \qquad (k = 1, \ldots, l) \tag{1}$$

berücksichtigen. Falls sie die Entscheidungen $\underline{x}_k$ trifft, ergibt sich ein Zielfunktionsbeitrag in Höhe von

$$\underline{c}_k' \cdot \underline{x}_k \qquad (k = 1, \ldots, l) \tag{2}$$

Wenn die Abteilungen unabhängig voneinander agieren könnten, dann würde die Maximierung der Zielfunktion (2) unter den Nebenbedingungen (1) optimale Entscheidungsempfehlungen liefern.

Tatsächlich sind aber die Abteilungen durch die Restriktionen

$$\underline{A} \cdot \underline{x} \leq \underline{b}_0 \quad \text{bzw.} \quad \sum_{k=1}^{l} \underline{A}_k \cdot \underline{x}_k \leq \underline{b}_0 \tag{3}$$

miteinander verbunden, die u. a. berücksichtigen, daß die Abteilungen gemeinsame Ressourcen nutzen und mehrere Abteilungen durch Lieferbeziehungen miteinander verbunden sind. Die Entscheidungen einer Abteilung k werden daher von den Entscheidungen anderer Abteilungen beeinflußt.

Darüber hinaus setzt sich die Zielfunktion des Gesamtbetriebs additiv aus den Zielfunktionsbeiträgen der Abteilungen zusammen:

$$Z = \underline{c}' \, \underline{x} = \sum_{k=1}^{l} \underline{c}_k' \cdot \underline{x}_k . \tag{4}$$

Optimale Entscheidungsempfehlungen für die Abteilungen $k = 1, \ldots, l$, welche die gemeinsame Zielfunktion (4) maximieren und sowohl den gemeinsamen Restriktionen (3) als auch den Restriktionen aller Abteilungen (1) genügen, können durch folgenden iterativen Koordinationsprozeß gefunden werden:

(1) Die Abteilungen $k = 1, \ldots, l$ lösen eine Folge von Teilprogrammen

$$\underline{c}_k^{*\prime} \cdot \underline{x}_k \Rightarrow \max! \tag{2a}$$

$$\underline{B}_k \cdot \underline{x}_k \leq \underline{b}_k \tag{1}$$

$$\underline{x}_k \geq \underline{0} . \tag{5}$$

Als Startwerte für die Zielfunktionsbeiträge der einzelnen Abteilungen setzt man

$$\underline{c}_k^{*\prime} = \underline{c}_k^\prime \qquad (k = 1, \ldots, 1).$$

(2) In der Regel werden die Lösungen der Abteilungsprogramme nicht kompatibel sein, weil die zentralen Restriktionen (4) verletzt werden. In einem „Zentralprogramm" müssen die Abteilungsvorschläge so modifiziert werden, daß sie auch diesen Restriktionen genügen. Hierzu bildet man Konvexkombinationen der bisherigen Abteilungsvorschläge, die

   (a) den zentralen Restriktionen genügen
   (b) die Gesamtzielfunktion maximieren.

Neben Gewichten $g_{\eta k}$, mit denen die bisherigen Vorschläge $\underline{x}_k^\eta$ $\eta = 1, \ldots, \mu_k$ der Abteilungen $k = 1, \ldots, l$ gewichtet werden, liefert die optimale Lösung der Zentralprogramme folgende Dualvariablen:

   (a) Die den gemeinsamen Restriktionen zugeordneten Schattenpreise $\underline{s}$, die angeben, um welchen Wert die gemeinsame Zielfunktion erhöht werden könnte, wenn die betreffende Restriktion um eine Einheit gelockert würde.
   (b) Die Dualvariablen σ, die den Bedingungen zugeordnet sind, daß die Summe der Gewichte, mit denen die Vorschläge der Abteilungen $k = 1, \ldots, l$ in die Lösung aufgenommen werden, gleich eins sein soll.

(3) Im nächsten Schritt werden die Zielfunktionswerte der Abteilungsprogramme $\underline{c}_k^*$ modifiziert, indem die mit den Schattenpreisen gewichtete Inanspruchnahme der gemeinsamen Restriktionen berücksichtigt wird:

$$\underline{c}_k^{*\prime} = \underline{c}_k^\prime - \underline{s}^\prime \cdot \underline{A}_k.$$

Im Laufe des Iterationsverfahrens werden weitere Vorschläge der Abteilungen generiert und in die Konvexkombination für das Zentralprogramm aufgenommen, indem die Abteilungsprogramme mit den modifizierten Zielfunktionskoeffizienten gelöst werden.

(4) Das Verfahren endet mit einer optimalen Lösung des Gesamtproblems, wenn es keinen Abteilungsvorschlag $\underline{x}_k$ mehr gibt, dessen Zielfunktionsbeitrag $Z_k > \sigma_k$ ist. Würde man nämlich einen Abteilungsvorschlag mit $Z_k < \sigma_k$ aufnehmen, dann würde dessen Zielfunktionsbeitrag nicht ausreichen, die durch die Reduktion des Anteils der übrigen Vorschläge bedingte Verringerung des gesamten Zielfunktionswerts zu kompensieren.

Die optimale Lösung ist dann gegeben durch:

$$\underline{x}_k^0 = \sum_{\eta = 1}^{\mu_k} \underline{x}_k^\eta \cdot g_{\eta k} \qquad (k = 1, \ldots, 1),$$

wobei μ_k die Zahl der Vorschläge der Abteilung k, $\underline{x}_k^\eta$ der η-te Vorschlag dieser Abteilung und $g_{\eta k}$ das im letzten Zentralprogramm bestimmte Gewicht dieses Vorschlags ist.

Diese Interpretation des Algorithmus legt es nahe, das Dekompositionsprinzip der linearen Programmierung als Modell zur Koordination der Planung bei dezentralisierten

Entscheidungsprozessen zu nutzen. Es wurde insbesondere diskutiert, ob das Dekompositionsprinzip in der Lage sei, Verrechnungspreise zu liefern, die eine pretiale Lenkung im Sinne SCHMALENBACHS (1947/48) ermöglichen. Als Ergebnis dieser Diskussion ist jedoch festzuhalten, daß zwar im Laufe des Verfahrens Verrechnungspreise zur Steuerung der Nutzung der gemeinsamen Ressourcen verwendet werden, daß die endgültige Entscheidung jedoch durch die Zentrale erfolgt, die mengenmäßige Vorgaben an die Abteilungen weiterleitet (vgl. insbesondere ALBACH, 1974, HAX, 1965). Nach DANTZIG (1963, S. 462) ist das Dekompositionsprinzip als „zentrale Planung mit unvollkommener Information der Zentrale" anzusehen.

Die Problemstellung der hierarchischen Planung unterscheidet sich in einigen wesentlichen Aspekten von der Steuerung dezentraler Entscheidungen durch Verrechnungspreise:

(1) Die Bestimmung von Verrechnungspreisen ist ein mittel- bis langfristiges Problem, da diese für eine längere Zeitspanne gelten müssen, um den Abteilungen ein gewisses Maß an Sicherheit über diese Entscheidungsgrundlage zu geben. Hierarchische Planungssysteme dienen hingegen vielfach der Abstimmung kurz- und mittelfristiger Pläne; soweit sie Verrechnungspreise als Koordinationsinstrument nutzt, sind diese jeweils an die aktuelle Situation anzupassen.

(2) Mit Hilfe von Verrechnungspreisen sollen die Entscheidungen weitgehend selbständiger organisatorischer Einheiten, die insbesondere auch über die Frage des Fremdbezugs entscheiden können, koordiniert werden. In der hierarchischen Planung sind hingegen engere Verbundeffekte zwischen den Entscheidungsbereichen zu berücksichtigen; Fremdbezug dient allenfalls zum Ausgleich von Kapazitätsengpässen.

(3) In der hierarchischen Planung soll die Koordination nicht ausschließlich anhand von Preisvorgaben erfolgen; falls erforderlich, sind auch andere Koordinationsmechanismen, insbesondere auch mengenmäßige Vorgaben, vorgesehen.

In diesem Zusammenhang gewinnt die Feststellung ALBACHS (1974), ein System der Verrechnungspreise müsse bei Vorliegen hoher Verbundeffekte durch andersartige Instrumente ergänzt werden, an Bedeutung.

Auf jeden Fall zeigt das Dekompositionsprinzip der linearen Programmierung wesentliche Aspekte der hierarchischen Planung auf:

(1) Bei geeigneter Struktur des Entscheidungsproblems ist eine zentrale Planung ohne vollkommene Information der „Zentrale" möglich.

(2) Fehlende Informationen können durch Abstimmungsmechanismen ersetzt werden, in denen die Abteilungen stark aggregierte Informationen – hier eine Folge zulässiger Produktionspläne – an die Zentrale weitergeben.

Bei der Planung der Produktgruppen im HAX/MEAL-Modell ergibt sich für vier Perioden die in Abbildung 3 dargestellte hierarchische Struktur der Koeffizientenmatrix. Die Nutzung der Kapazität einer Periode ist unabhängig von der Kapazitätsauslastung in den anderen Perioden; eine Kopplung zwischen den Perioden ergibt sich lediglich durch die Lagerbestände. Eine Abstimmung der Planung für die Produktgruppen mit Hilfe des Dekompositionsprinzips wäre daher prinzipiell möglich. Darüber hinaus besteht die Möglichkeit, die Planung der Produktfamilien für die erste Periode mit in das

Abb. 3: Hierarchische Struktur des Produktgruppen-Problems

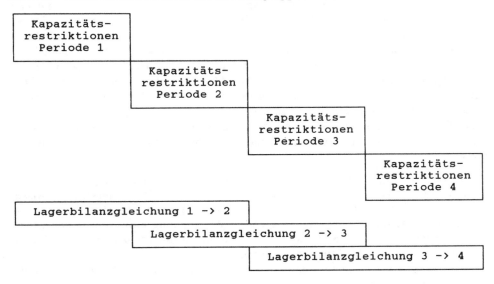

Modell einzubeziehen, indem die Nachfragemengen und die Produktionsmengen für diese Periode disaggregiert werden. Im Sinne einer rollierenden Planung erfolgt für die Folgeperioden hingegen weiterhin eine aggregierte Produktionsplanung für Produktgruppen. Daher sind die Lagerbestände am Ende der ersten Periode zu aggregieren, um die Anfangsbestände der Produktgruppen zu Beginn der zweiten Periode zu bestimmen. Das ergibt jedoch lediglich eine weitere lineare Kopplungsbeziehung zwischen der ersten und der zweiten Periode und würde damit die Struktur des Modells nicht verletzen.

Obwohl das Dekompositionsprinzip prinzipiell optimale Lösungen liefert, ist bei der aggregierten Produktionsplanung wegen der unvermeidbaren Aggregationsfehler davon auszugehen, daß nur suboptimale Lösungen gefunden werden können.

Die langsame Konvergenz des Dekompositionsprinzips läßt es wegen der großen Zahl von Abstimmungsrunden für interaktive Entscheidungsprozesse als wenig geeignet erscheinen (vgl. STÄHLY, 1985). Es ist somit festzustellen, daß es zwar für die Produktionsprogrammplanung auf der taktischen Ebene geeignet sein mag, jedoch Losgrößen- und Reihenfolgeentscheidungen auf der operativen Ebene nicht erfassen kann, weil diese mit Ganzzahligkeitsbedingungen verbunden sind.

2. Hierarchische Planung als heuristische Dekomposition

Um eine Dekomposition bei Ganzzahligkeitsbedingungen, wie sie z. B. bei Losgrößen- und Reihenfolgeentscheidungen auftreten, erreichen zu können, muß auf Ansätze verzichtet werden, die eine optimale Lösung des Problems garantieren; statt dessen sind Heuristiken zu entwickeln, die innerhalb vertretbarer Rechenzeiten gute Lösungen generieren. Ein solcher Verzicht auf Optimalität ist insbesondere dadurch zu rechtfertigen, daß wegen der aggregierten Planung auf den oberen Ebenen ohnehin Aggregationsfehler nicht zu vermeiden sind. Hierarchische Planung ist daher als heuristische Dekomposition komplexer Planungsprobleme anzusehen.

Als Beispiel für eine derartige heuristische Dekomposition im Rahmen der Produktionsplanung ist auf das Modell von GRAVES (1982) hinzuweisen. Dieser Ansatz geht von der Grundstruktur des Modells von HAX/MEAL aus; die Kopplung zwischen den Ebenen erfolgt jedoch nicht durch Produktionsmengen, sondern durch Lagerbestände: Im Rahmen einer aggregierten Planung werden Produktionsmengen und Lagerbestände mit Hilfe eines linearen Programms bestimmt. Auf der operativen Ebene sind dann disaggregierte Losgrößen für die einzelnen Produktfamilien bzw. Artikel zu bestimmen, die Vorgaben von Lagerbeständen am Ende der Teilperioden genügen.

Die hierarchische Struktur des Modells ist in Abbildung 4 für eine Produktgruppe mit zwei Produktfamilien und eine Periode wiedergegeben.

Abb. 4: Hierarchische Struktur des Modells von GRAVES

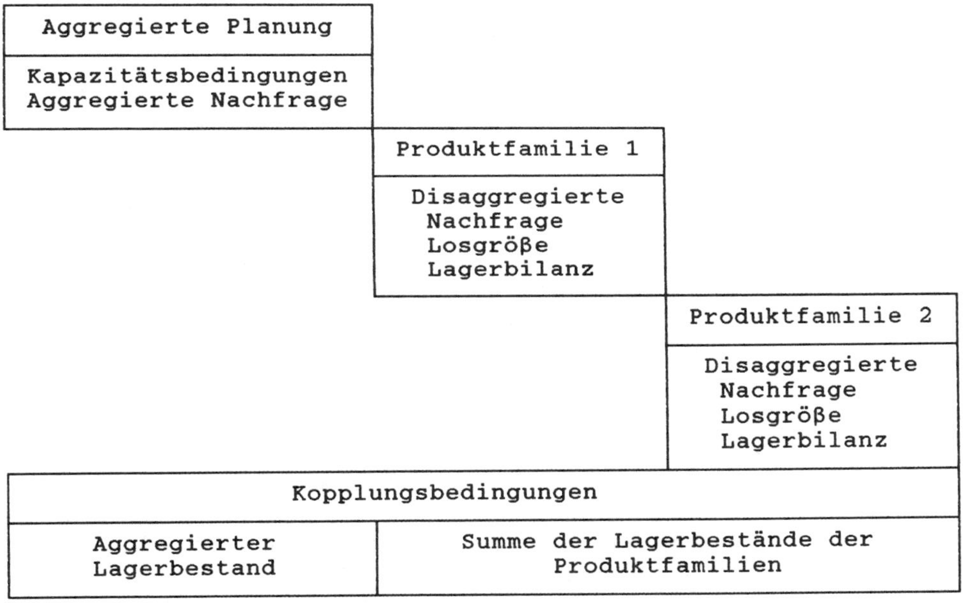

Da bei der Bestimmung der Losgröße für die einzelnen Produktfamilien Rüstkosten zu berücksichtigen sind, ist das Problem als gemischt-ganzzahliges lineares Programm zu formulieren. GRAVES (1982) schlägt vor, die optimale Lösung des Problems mit Hilfe der LAGRANGE-Relaxation zu approximieren. Hierzu werden die Kopplungsbedingungen für die einzelnen Produktgruppen – mit LAGRANGE-Multiplikatoren μ_i gewichtet – in die Zielfunktion aufgenommen. Für gegebene μ_i (i = 1, ..., n) kann das Gesamtproblem in zwei Problembereiche dekomponiert werden:

(1) Das Produktgruppen-Problem:

Dieses liegt als nicht-ganzzahliges lineares Programm mit Beschränkungen der Produktionskapazitäten und mit aggregierten Nachfragebedingungen für die einzelnen Produktgruppen vor. Die lineare Zielfunktion enthält neben den Produktionskosten und den Kosten von Überstundenarbeit Lagerhaltungskosten. Der Lagerkostensatz c_{Li} wird um den LAGRANGE-Multiplikator μ_i verringert. Damit führt eine Erhöhung des Multiplikators zu einer Erhöhung der Vorgaben der Lagerbestände für die Produktfamilienplanung.

(2) Die Produktfamilien-Probleme:

Diese lassen sich als dynamische Einprodukt-Losgrößenmodelle formulieren und mit dem Algorithmus von WAGNER/WHITIN (1958) oder geeigneten Losgrößenheuristiken lösen. Für die zur Produktgruppe i gehörenden Produktfamilien wird der LAGRANGE-Multiplikator μ_i als Lagerhaltungskostensatz angesetzt.

Die Lösungsheuristik verläuft in den folgenden Schritten (vgl. auch KISTNER/STEVEN, 1989):

(1) Initialisierung: Vorgabe von Anfangswerten μ_i (i = 1, ..., n) für die Multiplikatoren.

(2) Lösung des Produktgruppenmodells für die gegebenen Werte der Multiplikatoren.

(3) Lösung der Losgrößenmodelle für die gegebenen Werte der Multiplikatoren.

(4) Überprüfung, ob die Lösungen von (2) und (3) hinreichend konsistent sind.

Falls nein: Bestimmung neuer Werte für die Multiplikatoren.

Hierzu wird die Zielfunktion des Produktgruppenproblems, erweitert um die Summe der mit den LAGRANGE-Multiplikatoren gewichteten Abweichungen zwischen aggregierten und disaggregierten Lagerbeständen bezüglich der Multiplikatoren, minimiert.

Fortsetzung mit Schritt (2)

Falls ja: Ende.

Die Steuerung des Verfahrens erfolgt über die Aufteilung der Lagerhaltungskosten zwischen Produktgruppen und Produktfamilien: Sind die Lagerbestände der Produktfamilien höher als die Vorgaben aus der Produktgruppenplanung, dann werden die Lagerhaltungskosten für Familien erhöht, für die Gruppe hingegen verringert. So werden in der nächsten Iteration die Vorgaben aus der Gruppenplanung erhöht, die Bestände der Produktfamilien hingegen reduziert.

Der heuristische Charakter dieses Dekompositionsverfahrens beruht auf folgenden Tatsachen:

- Aggregationsfehler sind in einer aggregierten Planung unvermeidbar.
- Wegen der Ganzzahligkeitsbedingungen bei den Rüstkosten tritt eine „Duality Gap" auf. Daher läßt sich kein scharfes Abbruchkriterium angeben; selbst wenn die optimale Lösung gefunden ist, kann das nicht immer nachgewiesen werden.

Eine ähnliche heuristische Dekomposition des Modells von HAX/MEAL auf der Grundlage des Dekompositionsverfahrens von BENDERS (1962) wurde von AARDAL/LARSSON (1990) vorgeschlagen.

III. Koordination in der hierarchischen Planung

1. Möglichkeiten der Kopplung der Planungsebenen

Die im vorigen Abschnitt dargestellten Koordinationsmechanismen für hierarchische Planungssysteme – das Dekompositionsprinzip der linearen Programmierung und das Dekompositionsverfahren von GRAVES – formalisieren die Rückkopplung zwischen übergeordneten und untergeordneten Ebenen in einem interaktiven Prozeß zwischen den beiden Ebenen mit fest vorgegebenen Regeln. Eine Verallgemeinerung dieser Verfahren auf beliebige hierarchische Entscheidungsprozesse scheitert jedoch daran, daß sie von sehr stringenten Annahmen ausgehen – Linearität der Restriktionen und beliebige Teilbarkeit aller Variablen im Fall des Dekompositionsprinzips bzw. Grundstruktur des HAX/MEAL-Modells bei dem Ansatz von GRAVES –, die im allgemeinen nicht gegeben sind. Aus den beiden Verfahren ergeben sich jedoch Hinweise für die Gestaltung von Koordinationsmechanismen; insbesondere zeigen sie auf, daß vielfach iterative Abstimmungsprobleme bestehen.

Prinzipiell lassen sich folgende Klassen von Koordinationsmechanismen unterscheiden (vgl. KISTNER/SWITALSKI, 1989a, S. 498f.; KISTNER/STEVEN 1989, S. 22):

(1) Kopplung durch Vorgaben mit der Möglichkeit der Rückkopplung:
Inkonsistenzen zwischen den Planvorgaben und den Möglichkeiten, diese Vorgaben auf den untergeordneten Ebenen umzusetzen sowie Veränderungen der Daten, die sich bei der Planung und dem Vollzug auf den unteren Ebenen zeigen, werden auf der oberen Ebene grundsätzlich erst in der Folgeperiode bei Planrevisionen im Rahmen einer rollierenden Planung berücksichtigt. Lediglich bei gravierenden Unzulässigkeiten, die nicht durch Notmaßnahmen auf den unteren Ebenen beseitigt werden können, wird eine sofortige Planrevision auf der übergeordneten Ebene angestoßen.

(2) Einführung von Schlupf auf den unteren Ebenen:
Bei der Ermittlung der Vorgaben werden die Kapazitäten der nachgeordneten Ebenen nicht im vollen Umfang ausgeschöpft. Es werden vielmehr Reservekapazitäten und Sicherheitsbestände eingeplant, die Inkonsistenzen zwischen Vorgaben und Umsetzungsmöglichkeiten vermeiden; darüber hinaus können sie benutzt werden, um kurzfristig auf Datenveränderungen zu reagieren. Diese Reservekapazitäten können entweder aufgrund von Erfahrungswerten gesetzt oder mit Hilfe von Modellen bestimmt werden.

(3) Entscheidungsspielräume auf den unteren Ebenen:
Die unteren Ebenen werden ermächtigt, unter bestimmten Voraussetzungen „Notmaßnahmen" zu ergreifen. So können sie z.B. Kapazitätsengpässe durch Überstunden oder durch Zukäufe vermeiden und bestimmte Aufträge zurückstellen. Im Fall von Unterbeschäftigung dürfen sie unter bestimmten Bedingungen weniger dringliche Aufträge vorziehen etc.

(4) Verrechnungspreise:
Wie die oben dargestellten Dekompositionsverfahren gezeigt haben, können auch Ansätze der pretialen Lenkung zur Koordination in hierarchischen Planungssystemen

eingesetzt werden. Diese können insbesondere im Rahmen iterativer Abstimmungsverfahren verwendet werden.

(5) Koordination mit Hilfe von Partialmodellen:
    Auf der übergeordneten Ebene können einfache Partialmodelle eingesetzt werden, die
    es erlauben, die Auswirkungen bestimmter Vorgaben auf die nachgeordneten Ebenen
    abzuschätzen.

(6) Koordination durch Entscheidungsgremien:
    Schließlich kann eine Feinabstimmung zwischen aggregierter Programmplanung und
    detaillierter Planung durch Gremien erfolgen.

Im folgenden werden zunächst zwei modellgestützte Ansätze, die Bestimmung von
Reservekapazitäten mit Hilfe des Chance Constrained Programming und die Abschätzung der Kapazitäten mit Hilfe von Warteschlangen-Netzwerken, vorgestellt. Abschließend wird der interaktive Einsatz von Partialmodellen bei der Koordination durch
Entscheidungsgremien untersucht.

2. Modellunterstützung bei der Bestimmung der Vorgaben

a) *Bestimmung von Reservekapazitäten mit Hilfe des Chance Constrained Programming*

Eines der zentralen Probleme der hierarchischen Produktionsplanung ist die Schätzung der für die Produktionsprogramm-Planung verfügbaren Kapazitäten: Trennt man
diese von der operativen Planung, insbesondere von der Losgrößen- und der Reihenfolgeplanung, dann ergibt sich das Dilemma, daß die Programmplanung die Kapazitäten
der einzelnen Teilbereiche der Produktion kennen muß, die von planungsbedingten
Leerzeiten abhängen, die wiederum durch die Losgrößen- und Reihenfolgeplanung de-
terminiert sind. Diese setzen aber wiederum Vorgaben der Produktionsprogrammplanung voraus. Um diesen Zirkel zu brechen, muß die Programmplanung von Schätzwer-
ten für die tatsächlichen Kapazitäten ausgehen. Wegen Schwankungen in der Auftrags-
zusammensetzung – die in einer aggregierten Programmplanung nicht erfaßt werden
können – schwanken auch die planungsbedingten Leerzeiten und damit die verfügbaren
Kapazitäten. Um derartige Schwankungen auszugleichen, sind in der Produktionsprogrammplanung die Kapazitätsschätzungen um ausreichende Abschläge zu reduzieren.

Hierzu kann auf den Ansatz des Chance Constrained Programming zurückgegriffen
werden (vgl. hierzu: CHARNES/COOPER, 1959).

Dabei werden in der Programmplanung die verfügbaren Kapazitäten r_i ($i = 1, \ldots, n$)
nicht mehr als deterministische Größen, sondern als unabhängige Zufallsgrößen R_i mit
gegebener Verteilungsfunktion

$$\Phi_{R_i}(r_i) = \text{Prob}\{R_i \leq r_i\}$$

aufgefaßt. Der Einfachheit halber wird im folgenden angenommen, daß die Kapazitäten
normalverteilt mit dem Erwartungswert $E(R_i)$ und der mittleren quadratischen Abweichung σ_i sind. Diese Parameter sind aus Vergangenheitsdaten zu schätzen.

Wegen der stochastischen Schwankungen der Kapazitäten muß bei der aggregierten
Planung darauf verzichtet werden, daß die Kapazitätsrestriktionen immer eingehalten

werden; es wird lediglich gefordert, daß sie mit vorgegebenen Wahrscheinlichkeiten αi berücksichtigt werden. Bezeichnet man mit $j = 1, \ldots, m$ die Produktgruppen, mit $i = 1, \ldots, n$ die Produktionsabteilungen, mit a_{ij} die Inanspruchnahme der Kapazität i je Einheit der Produktgruppe j und mit x_j die geplante Ausbringungsmenge, dann haben die stochastischen Kapazitätsrestriktionen die Form

$$\text{Prob}\left\{\sum_{j=1}^{m} a_{ij} \cdot x_j \le r_i\right\} \ge \alpha_i \qquad (i = 1, \ldots, n).$$

In Analogie zur Bestimmung von Intervallschätzungen in der Statistik kann man bei Normalverteilung der Kapazitäten hierfür schreiben:

$$\sum_{j=1}^{m} a_{ij} \cdot x_j \le E(R_i) - t(\alpha_i) \cdot \sigma_i \qquad (i = 1, \ldots, n), \tag{6}$$

wobei $t(\alpha_i)$ das einem Sicherheitsniveau von α_i entsprechende Fraktil der normierten Normalverteilung bei einseitiger Fragestellung ist.

In (6) wird die stochastische Kapazitätsrestriktion durch ein Sicherheitsäquivalent ersetzt, in dem als verfügbare Kapazität deren Erwartungswert, vermindert um einen Sicherheitsabschlag, angesetzt wird, der von dem gewünschten Sicherheitsniveau und der Standard-Abweichung der verfügbaren Kapazität abhängt.

Das Chance Constrained Modell führt also zu einer Koordination durch Schlupf.

b) *Abschätzung der Auswirkungen von Vorgaben mit Hilfe von Warteschlangen-Netzwerken*

Das Chance Constrained Modell bestimmt die für die aggregierte Produktionsplanung verfügbaren Kapazitäten aus der Verteilung der Kapazitätsauslastung in der Vergangenheit. Dabei werden die Auswirkungen des Produktionsprogramms und der Auftragszusammensetzungen in der Vergangenheit nicht berücksichtigt. Deren Einfluß auf die Kapazitätsauslastung kann unter bestimmten Voraussetzungen mit Hilfe von Warteschlangen-Netzwerken erfaßt werden (vgl. hierzu: KISTNER/STEVEN, 1990; die Theorie der Warteschlangen-Netzwerke geht zurück auf JACKSON, 1957, 1963; GORDON/ NEWELL, 1967).

Für Anwendungen in der Produktionsplanung werden die Knoten eines Warteschlangen-Netzwerks als Maschinen oder Betriebsabteilungen interpretiert; die Pfeile zwischen den Knoten stellen Produktionsflüsse dar. In einem offenen Warteschlangen-Netzwerk werden Aufträge in zufälligen Abständen freigegeben; jede Auftragsart nimmt einen bestimmten Weg durch das Netzwerk, jeder Auftrag muß von allen Maschinen auf diesem Pfad bearbeitet werden, ehe er das Netzwerk verlassen kann (vgl. Abbildung 5).

Zur Analyse eines solchen Warteschlangen-Netzwerks sind die folgenden Annahmen erforderlich:

(1) Die Aufträge werden in exponentialverteilten Abständen mit der Rate α freigegeben. Die Wahrscheinlichkeit, daß ein Auftrag zu einer Auftragsart i gehört, ist gleich p_i. Das heißt, ein freigegebener Auftrag nimmt, unabhängig von dem Weg seiner Vorgänger, mit der Wahrscheinlichkeit p_i den Weg i durch das Netzwerk; die Rate, mit der Aufträge des Typs i freigegeben werden, ist gleich $\alpha^{(i)} = p_i \cdot \alpha$.

(2) Die Bearbeitungsdauern der Aufträge auf der Maschine k sind unabhängige, exponentialverteilte Zufallsgrößen mit der Rate β_k.

(3) Falls die Abstände der Auftragsfreigabe und die Bearbeitungsdauern auf allen Maschinen voneinander unabhängig sind, sind die Abstände zwischen den Anlieferungen von Aufträgen auf allen Maschinen exponentialverteilt. Es sei $\Omega(k)$ die Menge der Auftragsarten, die auf der Maschine k bearbeitet werden. Dann ist

$$\alpha_k = \sum_{i \in \Omega(k)} \alpha^{(i)}$$

die Rate, mit der Aufträge bei der Maschine k angeliefert werden.

Abb. 5: Offenes Warteschlangen-Netzwerk

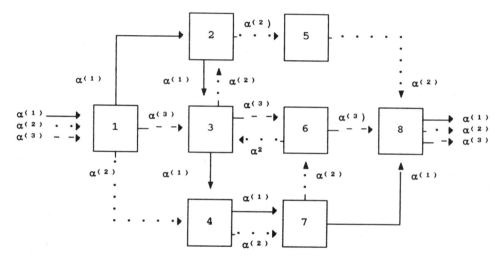

Unter den angegebenen Voraussetzungen kann man jede einzelne Maschine als ein einfaches MARKOFF-Wartesystem mit der Ankunftsrate α_k und der Bedienungsrate β_k interpretieren. Für derartige Wartesysteme lassen sich die Operationscharakteristiken wie

- Mittlerer Bestand der Pufferläger vor einer Maschine
- Verteilung der Zahl der Aufträge in einem Pufferlager
- Mittlere Wartezeit eines Auftrags vor einer Maschine
- Verteilung der Wartezeit der Aufträge
- Mittlere Durchlaufzeit der Aufträge
- Verteilung der Durchlaufzeit der Aufträge

explizit berechnen (vgl. hierzu z. B. FERSCHL, 1964; KISTNER, 1989).

Diese Informationen lassen sich im Rahmen der aggregierten Produktionsplanung wie folgt zur Anpassung der Vorgaben für die disaggregierte Planung einsetzen:

(1) Die Auslastung des Systems wird bestimmt durch die Raten α_i, mit denen die Auftragsarten ankommen. Diese hängen von dem Gesamtvolumen des aggregierten Produktionsplans und den Anteilen der Produktgruppen ab.

(2) Für einen gegebenen aggregierten Produktionsplan können dann die oben angegebenen Operationscharakteristiken berechnet werden. Ist der durchschnittliche Bestand des Pufferlagers bzw. die durchschnittliche Wartezeit vor einer Engpaßmaschine oder die erwartete Durchlaufzeit größer als eine vorgegebene Grenze, dann ist entweder das Volumen oder das Verhältnis der Produktgruppen anzupassen. Neben Obergrenzen für die Erwartungswerte kann man auch obere Schranken für die Wahrscheinlichkeiten vorgeben, daß bestimmte kritische Werte der Operationscharakteristiken überschritten werden.

Mit Hilfe offener Warteschlangennetzwerke kann man die durchschnittliche Kapazitätsauslastung bestimmen. Obergrenzen lassen sich hingegen mit geschlossenen Warteschlangen-Netzwerken berechnen. Im Unterschied zur dem offenen Modell geht dieser Ansatz davon aus, daß die Aufträge nicht in zufälligen Abständen angeliefert werden, sondern daß ein genügender Auftragsbestand verfügbar ist und immer dann ein Auftrag freigegeben wird, wenn hinreichende Fertigungskapazitäten zur Verfügung stehen. Das Modell geht davon aus, daß eine gegebene Zahl von Paletten in dem System kreist. Sobald eine Palette zu einem bestimmten Knoten, dem Spannplatz, zurückkehrt, wird ein neuer Auftrag freigegeben, auf die freigewordene Palette aufgespannt und auf seinen Weg durch das Netzwerk geschickt.

Für derartige Modelltypen lassen sich nicht nur die mittleren Bestände der Pufferläger und die Wartezeiten vor den Maschinen sowie die Durchlaufzeiten der Aufträge, sondern auch der erwartete Durchsatz bzw. die mittlere Zahl der Aufträge, die das System pro Zeiteinheit bearbeiten kann, bestimmen. (Zu Einzelheiten vgl. KISTNER/STEVEN, 1990).

Die dem Modell zugrundeliegenden Voraussetzungen, insbesondere die Annahme, daß die Abstände aller Ereignisse unabhängige, exponentialverteilte Zufallsgrößen sind, erscheinen zunächst recht stringent. Es läßt sich jedoch zeigen, daß diese für die Abschätzung der Auswirkungen von Planvorgaben aus der aggregierten Planung auf die Kapazitätsauslastung akzeptabel sind. Interpretiert man die Aufträge als Fertigungslose bei Kleinserienfertigung und geht von einer breiten Produktpalette aus, dann rechtfertigt die Heterogenität der Bearbeitungszeiten der einzelnen Lose die Annahme der Exponentialverteilung der Bearbeitungsdauern und die zufällige Festlegung der Wege durch das Netzwerk (vgl. KISTNER/STEVEN, 1990).

3. Interaktive Koordination durch Entscheidungsgremien

Wegen der hohen Komplexität der Abstimmung zwischen aggregierter Programmplanung und der disaggregierten Planung auf der operativen Ebene können weder formalisierte Abstimmungsmechanismen auf der Grundlage des Modells von HAX/MEAL noch reine Steuerungsheuristiken das Koordinationsproblem der hierarchischen Planung allein lösen. Es wird vielmehr erforderlich sein, die endgültigen Vorgaben in Entscheidungsgremien festzulegen. Auf die Bedeutung derartiger Gremien im Rahmen der hierarchischen Produktionsplanung weisen insbesondere GELDERS/VAN WASSENHOVE (1982) sowie VAN WASSENHOVE/ VANDERHENST (1983) hin.

Hierbei ist jedoch nicht auf eine Hierarchisierung des Problems und eine Unterstützung der Entscheidungen durch die interaktive Nutzung von Partialmodellen zu verzichten: Um die Auswirkungen von alternativen Vorgaben auf die Kapazitätsauslastung und die Durchlaufzeiten aufzuzeigen, sind Modelle wie das oben dargestellte Netzwerkmodell einzusetzen. Andere einfache Modelle leisten ähnlich wie die Knapsack-Modelle eine grobe Disaggregation der Vorgaben. Andere Partialmodelle bestimmen vorläufige Losgrößen oder beschreiben Auftragsfreigabe und Reihenfolgeplanung. Um derartige Partialmodelle interaktiv einsetzen zu können, müssen diese in der Lage sein, alternative Vorgaben sehr schnell zu evaluieren; es kommen daher weniger exakte Partialmodelle als vielmehr einfache Heuristiken in Frage.

Eine zentrale Stellung nehmen Programme für die aggregierte Programmplanung ein. Sie können die Auswirkungen von Änderungen der Vorgaben in der ersten Entscheidungsperiode auf die zukünftige Entwicklung und mögliche Fehlentwicklungen aufzeigen, die durch kurzfristig motivierte Änderungen der Vorgaben eingeleitet werden können. Da sie als lineare Programme formuliert sind, für die Lösungen innerhalb relativ kurzer Zeit ermittelt werden können, besteht die Möglichkeit, eine größere Zahl von Alternativen zu betrachten. Weiter zeigen die Dualvariablen auf, welche Restriktionen besonders kritisch sind und geben Hinweise darauf, in welchen Bereichen Wert auf eine hohe Kapazitätsauslastung zu legen ist, so daß sich das Koordinationsgremium auf Engpaßbereiche konzentrieren und mit Hilfe der oben skizzierten Partialmodelle prüfen kann, ob eine höhere Kapazitätsauslastung in diesen Bereichen möglich ist und ob kurzfristige Anpassungsmaßnahmen zu erwägen sind.

Literaturverzeichnis

Aardal, K., Larsson, T. A., Benders Decomposition Based Heuristic for the Hierarchical Production Planning Problem, EJOR 45 (1990), S. 4–14

Albach, H., Investition und Liquidität, Wiesbaden (Gabler) 1962

Albach, H., Die Koordination der Planung im Großunternehmen, in: Schneider, E. (Hrsg.), Rationale Wirtschaftspoltik und Planung in der Wirtschaft von heute, Berlin (Duncker & Humblot) 1967, S. 332–438

Albach, H., Innerbetriebliche Lenkpreise als Instrument dezentraler Unternehmensführung, ZfbF 26 (1974), S. 216–242

Baumol, W. J., Fabian, T., Decomposition, Pricing for Decentralization and External Economies, MS 11 (1964), S. 1–32

Benders, J. F., Partioning Procedures for Solving Mixed Variables Programming Problems, Numerische Mathematik 4 (1962), S. 238–252

Bitran, G. R., Hax, A. C., Disaggregation and Resource Allocation Using Convex Knapsack Problems with Bounded Variable, MS 27 (1981), S. 28–55

Charnes, A., Cooper, W. W., Chance Constrained Programming, MS 6 (1959), S. 73–79

Dantzig, G. B., Linear Programming and Extensions, Princeton (University Press) 1963

Dantzig, G. B., Wolfe, P., Decomposition Principle for Linear Programs, OR 8 (1960), S. 101–111

Erschler, J., Fontan, G., Merce, C., Consistancy of the Disaggregation Process in Hierarchical Planning, OR 34 (1986), S. 464–469

Ferschl, F., Zufallsabhängige Wirtschaftsprozesse, Würzburg (Physica) 1964

Fontan, J., Imbert, S., Merce, C., Consistancy Analysis in Hierarchical Production Planning Systems, Engineering Cost and Production Economics 9 (1985), S. 193–199

Gelders, L. F., van Wassenhove, L. N., Hierarchical Integration in Production Planning: Theory and Practice, J. Operations Management 3 (1982), S. 27–35

Gordon, W. J., Newell, G. F., Closed Queueing Systems with Exponential Servers, OR 15 (1967), S. 254–265

Graves, S. C., Using Lagrangean Techniques to Solve Hierarchical Production Planning Problems, MS 28 (1982), S. 260–275

Hax, A. C., Aggregate Production Planning, in: Moder, J. J., Elmaghraby, S. E. (Hrsg.), Handbook of Operations Research, Bd. 2, New York (Van Nostrand Reinhold) 1978, S. 127–172

Hax, A. C., Bitran, G. R., Hierarchical Planning Systems – A Production Application, in: Ritzman, L. P. u.a. (Hrsg.), Disaggregation, Den Haag-Boston (Nijhoff) 1979, S. 63–93

Hax, A. C., Candea, D., Production and Inventory Management, Englewood Cliffs (Prentice Hall) 1984, S. 393–464

Hax, A. C., Golovin, J. J., Hierarchical Production Planning Systems, in: Hax, A. C. (Hrsg.), Studies in Operations Management, Amsterdam (North-Holland) 1978, S. 400–427

Hax, A. C., Meal, H. C., Hierarchical Integration of Production Planning and Scheduling, in: Geisler, M. A. (Hrsg.), Logistics, Amsterdam (North-Holland) 1975, S. 53–69

Hax, H., Die Koordination von Entscheidungen, Köln (C. Heymanns) 1965

Jackson, J. R., Networks of Waiting Lines, OR 5 (1957), S. 518–521

Jackson, J. R., Jobshop-like Queueing Systems, MS (1963), S. 131–142

Jacob, H., Neuere Entwicklungen in der Investitionsrechnung, ZfB 34 (1964), S. 487–507

Kistner, K.-P., Warteschlangentheorie, in: Gal, T. (Hrsg.), Grundlagen des Operations Research, Bd. 3, 2. Aufl., Berlin-Heidelberg (Springer) 1989, S. 253–289

Kistner, K.-P., Steven/Switalski, M., Zur Entwicklung einer Theorie der hierarchischen Produktionsplanung, in: Zäpfel, G. (Hrsg.), Neuere Konzepte der Produktionsplanung und -steuerung, Linz (Trauner) 1989, S. 1–28

Kistner, K.-P., Steven/Switalski, M., Warteschlangen-Netzwerke im der hierarchischen Produktionsplanung, OR-Spektrum 12 (1990), S. 89–101

Kistner, K.-P., Switalski, M., Hierarchische Produktionsplanung, ZfB 59 (1989a), S. 477–503

Kistner, K.-P., Switalski, M., Hierarchical Production Planning: Necessity, Problems, and Methods, ZOR 33 (1989b), S. 199–212

Küpper, H. U., Interdependenzen zwischen Produktionstheorie und der Organisation des Produktionsprozesses, Berlin (Duncker & Humblot) 1980

Mesarovic, M. D., Macko, D., Takahara, Y., Theory of Hierarchical, Multilevel Systems, New York-London (Academic Press) 1970

Rosenberg, O., Investitionsplanung im Rahmen einer simultanen Gesamtplanung, Köln (C. Heymanns) 1975

Schmalenbach, E., Pretiale Wirtschaftslenkung, 2 Bde., Bremen (Dorn) 1947/48

Stadtler, H., Hierarchische Produktionsplanung bei losweiser Fertigung, Heidelberg (Physica) 1988

Stähly, P., Dekompositionsverfahren und integrierte Planung, in: Operations Research Proceedings 1984, Berlin-Heidelberg (Springer) 1985, S. 80–92

Switalski, M., Hierarchische Produktionsplanung, Heidelberg (Physica) 1989

Wagner, H. M., Whitin, Th. M., Dynamic Version of the Economic Lot Size Model, MS 5 (1958/59), S. 89–96

van Wassenhove, L. N., Vanderhenst, P., Planning Production in a Bottleneck Department, EJOR 12 (1983), S. 127–137

Weingartner, H. M., Mathematical Programming and the Analysis of Capital Budgeting Problems, Englewood Cliffs (Prentice Hall) 1963

Zusammenfassung

In dem Beitrag werden zunächst hierarchische Strukturen von Planungsprozessen aufgezeigt und dann – meist an Beispielen aus der hierarchischen Produktionsplanung – Möglichkeiten zur Koordination hierarchischer Entscheidungen untersucht. In einem theoretischen Teil wird gezeigt, daß die hierarchische Planung als heuristische Dekomposition angesehen werden kann, in der die strikten Abstimmungsregeln des Dekompositionsprinzips durch Steuerungsheuristiken ersetzt werden. Im Anschluß daran wird eine Klassifikation von Abstimmungsheuristiken gegeben; einige werden anhand formaler Modelle demonstriert. Abschließend wird auf die Bedeutung von Koordinationsgremien, die interaktiv auf Planungsmodelle zurückgreifen können, hingewiesen.

Summary

Starting with the definition of hierarchical structures in planning processes, possibilities of coordination of hierarchical decision making are considered, and explained by examples from hierarchical production planning. In a theoretical part it is shown that hierarchical planning may be considered as heuristic decomposition, where the strict rules of coordination of the decomposition principle are replaced by heuristics. In the following, these heuristics are classified; for some cases, the application of formal models is demonstrated. Finally, the importance of coordination committees, using interactive planning models, is stressed.

Comments

Von Horst Albach

Überblick

- Der Beitrag nimmt zu den Aufsätzen in diesem Band Stellung. Dabei wird auf die Ursprünge mancher der Probleme hingewiesen, zu denen die Beiträge neue Lösungen bieten.

- Der Beitrag versucht in subjektiver Weise die Wissensfortschritte zu identifizieren, die die Aufsätze bei der Lösung der behandelten Probleme bringen. Der Beitrag versucht aber auch, offene Fragen aufzuzeigen, deren Beantwortung der weiteren Forschung vorbehalten sind.

- Der Beitrag versteht sich als dankbare Reaktion auf ein sehr anregendes wissenschaftliches Kolloquium.

A. Einleitung

Was unterscheidet den durch ein so eindrucksvolles Festkolloquium Geehrten, der gebeten wird, sich zu den Vorträgen zu äußern, von dem Kollegen, der bei einer wissenschaftlichen Tagung zu „critical comments" aufgefordert ist? Manche mögen meinen, es dürfe keinen Unterschied geben, sonst wäre ein Festkolloquium nicht ein wissenschaftliches Kolloquium. Ich möchte demgegenüber die These vertreten, daß ein großer Unterschied besteht. Während der „critical commentator" seine Rolle im allgemeinen so versteht, daß er den wissenschaftlichen Fortschrift des referierten Vortrages so klein wie möglich erscheinen lassen müsse – am kleinsten natürlich ist er, wenn er ihm vorbehaltlos zustimmt, weil dann eigentlich alles Gesagte ohnehin schon bekannt, der Vortrag also eigentlich überflüssig war, ist der Adressat eines Festkolloquiums in der sehr viel glücklicheren und schöneren Lage, den wissenschaftlichen Fortschritt in den Vorträgen so groß wie möglich erscheinen zu lassen, denn dann erscheint auch die Ehre, die ihm mit dem Festkolloquium zuteil wird, besonders groß.

Es gibt aber noch einen zweiten Unterschied: während sich der Korreferent bei einer wissenschaftlichen Tagung im allgemeinen nur zu einem Vortrag zu äußern hat, habe ich die Freude, einige Anmerkungen zu vier sehr schönen Vorträgen zu machen.

So verstanden, muß mein Dank für diese Festkolloquium in der Beschreibung meines Informationsgewinns durch die Vorträge bestehen, aber auch in dem Nachweis, daß ich kompetent bin, diesen Informationsfortschritt zu beurteilen. So werde ich auch vorgehen. Ich werde versuchen, das für mich Neue in den Vorträgen herauszuarbeiten. Ich werde gleichzeitig die Verbindung zu dem durch Veröffentlichung dokumentierten Stand meines eigenen Wissens auf den behandelten Gebieten herstellen.

Natürlich werde ich mich auch bemühen, alles das, was ich möglicherweise nicht richtig verstanden habe, durch mutige Interpretationen zu beleuchten.

B. Die Synthetische Bilanz

Die Überraschung über den Vortrag von Alfred Luhmer war sicherlich am größten. Dies möchte kaum verwunderlich erscheinen, denn der Vortrag setzte sich ja mit meiner Idee einer „Synthetischen Bilanz" auseinander. Überraschung hat, das muß ich gestehen, vor allem die Tatsache ausgelöst, daß sich überhaupt jemand heute noch mit der Synthetischen Bilanz beschäftigt. Zur Begründung dieser Überraschung muß ich auf die Genesis der Synthetischen Bilanz eingehen.

Eine meiner ersten gutachterlichen Tätigkeiten war die Bilanzierung des Vorabraums in der Rheinischen Braunkohlenindustrie. Die Bilanzposition „Vorabraum" umfaßte in der Bilanz von Rheinbraun seinerzeit mehrere hundert Millionen DM. Es leuchtete eigentlich jedem Anfänger der Bilanzierung ein, daß die Schaffung eines Luftloches ein Nonvaleur, aber kein asset sein konnte. Aber die Steuerbehörden verlangten die Aktivierung des Aufwandes für die Abräumung des Deckgebirges über der Kohle. Der Versuch, den Vorabraum ökonomisch richtig und damit schneller als steuerlich zulässig abzuschreiben, resultierte in dem Entwurf einer „Synthetischen Bilanz". Als ich diese Idee in der Firma vortrug, sagte Dr. Linnack, der Leiter der Steuerabteilung, ebenso kalt wie höflich: „Das ist sehr interessant, Herr Professor. Dann können wir die Arbeiten an dem Gutachten sicher bald zum Abschluß bringen!" Ich hatte das Prinzip der richtigen Periodenabgrenzung allzu ökonomisch und allzu wenig betriebswirtschaftlich verstanden, mich wohl auch, wie man vielleicht sagen könnte, allzu sehr auf die Seite Riegers und allzu wenig auf die Seite Schmalenbachs geschlagen. Ich hatte aber auch vielleicht das Prinzip der Einzelbewertung nicht ernst genug genommen. Es macht im Going Concern erhebliche methodische Schwierigkeiten. Anders formuliert: Ist in der von Luhmer zitierten Gleichung der Synthetischen Bilanz

$$(1) \qquad \sum_i TW_{it} = \sum_{\tau=t}^{\infty} CF_\tau q^{-\tau}$$

TW_{it} – Teilwert des i-ten Wirtschaftsgutes zum Zeitpunkt t und
CF – Periodencashflows des Unternehmens in der Zukunft

die linke Seite oder die rechte Seite ernster zu nehmen? Ich werde zeigen, daß man im externen Rechnungswesen die linke Seite ernster nehmen muß, im internen Rechnungswesen dagegen die rechte Seite ernster nehmen darf.

Ich bin noch heute Herrn Dr. Linnack, vor allem aber dem Leiter der Kaufmännischen Abteilung, Herrn Direktor Hürth, unendlich dankbar dafür, daß sie mir dennoch eine weitere Chance gegeben haben. Ich habe dann die Bilanz theoretisch sehr viel rigoroser als eine reine Periodenrechnung aufgefaßt, die keinerlei Vorleistungen, aber auch keinerlei Risiken enthalten darf, die nicht mit Sicherheit durch zukünftige Erträge überdeckt sind. Alle Risiken der Zukunft müssen in die abzurechnende Periode eingehen. Ich habe damals für die Berechnung des Mengengerüsts des Vorabraums ein neues markscheiderisches Verfahren entwickelt, das den Risiken der Tagebauproduktion Rechnung trägt, was bis dahin nicht der Fall war. Dadurch gelang es, ein Verfahren der Bilanzierung des Abraums zu entwickeln, das die Zustimmung der Oberfinanzdirektion Köln und des Bundesministeriums der Finanzen und seinen Niederschlag in einem Erlaß des Bundesministeriums der Finanzen fand, in dem das „Albach-Verfahren" für die Bewertung des Vorabraums festgeschrieben wurde[1]. Das Verfahren wird noch heute angewandt. Es sparte dem Unternehmen mehr als 100 Millionen DM allein an Zinsen auf den bis dahin dem Fiskus gewährten zinslosen Steuerkredit. Es ist für mich noch heute ein schönes Gefühl, unter einem Abraumbagger zu stehen.

Nur aus dieser Erfahrung heraus ist letztlich auch verständlich, warum ich in allen späteren Arbeiten zur Frage der Bilanztheorie und der Bilanzierung im Handels- und Steuerrecht sehr nachdrücklich darauf bestanden habe, daß das Prinzip der richtigen Periodenabgrenzung ein die laufende Periodenrechnung betonender Bilanzierungsgrundsatz ist: bei der Bilanzierung des Teilwerts[2], der Bilanzierung von Rückstellungen[3], bei der Interpretation von Werkzeugen und Formen als Sicherheitsbeständen[4].

Man mag fragen, warum ich überhaupt zunächst den Weg der Synthetischen Bilanz eingeschlagen habe. Dafür gab es gute theoretische Gründe. Die Synthetische Bilanz schlägt die Brücke zwischen der Bilanztheorie und der Investitionstheorie. Das ist theoretisch reizvoll. George Terborgh hatte diese Brücke zuerst mit seiner Idee der economic depreciation[5] zu schlagen versucht, eine Idee, die ich in meinem Buch über die Degressive Abschreibung[6] weiterentwickelt hatte, mit dem ich damals die Möglichkeit der Aussetzung der degressiven Abschreibung, die das Stabilitäts- und Wachstumsgesetz eröffnen wollte, bekämpfte – freilich nur mit dem Erfolg, daß der Gesetzgeber dem Verordnungs-geber strenge Bedingungen des übergeordneten gesamtwirtschaftlichen Interesses für die Aussetzung einer betriebswirtschaftlich gebotenen Rechnungslegung auferlegte. Mein Freund Jaakko Honko hatte die Brücke zu schlagen versucht. Er arbeitete damals an seinem Beitrag „Über einige Probleme bei der Ermittlung des Jahresgewinns der Unter-nehmung", den wir kürzlich aus Anlaß des sechzigjährigen Bestehens der Zeitschrift für Betriebswirtschaft in das Buch „Meilensteine der Betriebswirtschaftslehre" aufgenom-men haben [7]. Ich habe mich sehr gefreut, daß Sie, Herr Luhmer, ihn ausdrücklich erwähnt haben.

Zwei Aspekte des Vortrages von Luhmer möchte ich besonders hervorheben:

1. Während ich die Synthetische Bilanz für das *externe* Rechnungswesen entwickelt habe, wendet Luhmer sie auf das *interne* Rechnungswesen an. Das erscheint mir erfolgver-sprechend.

2. Alfred Luhmer will die Synthetische Bilanz auf das Controlling anwenden, weil er darin eine mögliche theoretische Basis für das Controlling sieht. Dies ist wichtig, weil das Controlling nach Ansicht Luhmers gegenwärtig theorielos ist. Ich teile seine Ein-schätzung der Lage im Controlling. Die Hoffnung, daß sich die Synthetische Bilanz als theoretisches Fundament eignet, würde ich gerne teilen.

Aus diesen beiden Hauptbemerkungen folgt eine Reihe von Einzelbemerkungen.

1. Wenn man die Synthetische Bilanz auf das Controlling anwendet, ist man von der süßen Sklaverei des Adler-Düring-Schmaltz frei.

2. Ein besonders schönes Ergebnis der Betrachtungsweise von Luhmer ist, daß man sich auch von dem bitteren Joch der Hockey-Stick-Prognosen befreien kann.

3. Ich halte es für eine schöne und wichtige Erkenntnis, daß in der Synthetischen Bilanz strategische Aktiva angemessen bilanziert werden können. Angesichts der Unsicher-heit in der Praxis über die Bilanzierung von Software und von Investitionen in Human-kapital ist dies ein wichtiges Ergebnis.

4. Dies hat auch einen theoretischen Effekt. Die nicht geschäftsführenden Eigentümer des 19. Jahrhunderts litten unter der Furcht vor der *Kapitalverwässerung* durch die geschäftsführenden Gesellschafter. Die nicht geschäftsführenden Gesellschafter des 20. Jahrhunderts leiden unter der Angst vor den Agency Costs, also unter der Angst vor der *Gewinnverwässerung* durch die geschäftsführenden Manager. Die Synthetische Bilanz schiebt der Gewinnungsverwässerung einen Riegel vor.

5. Die kapitalmarkttheoretische Fundierung der Synthetischen Bilanz durch Luhmer stellt einen erheblichen Fortschritt dar. Ich habe zwar damals auch unvollkommene Gütermärkte und Kapitalmärkte angenommen, konnte die Synthetische Bilanz aber noch nicht im Lichte der Irrelevanz- und Separationstheoreme interpretieren. Ich halte das für einen Gewinn.

6. Auch die Unterteilung von Wirtschaftsgütern mit bekanntem und solchen mit unbe-kanntem Kapitalbindungsverlauf halte ich für einen methodischen Fortschritt. Damit sind die Probleme auf die Wirtschaftsgüter mit unbekanntem Kapitalbindungsverlauf eingeengt.

7. Diese haben mit in der Tat die größten methodischen Schwierigkeiten bereitet. Luhmer löst diese Schwierigkeit durch zwei methodische Hilfsmittel: das Abgrenzungsprinzip und die Aufteilungsregel.

8. Das Abgrenzungsprinzip ist eine Spezialform des Prinzips der richtigen Periodenabgrenzung. Sie ist überzeugend, wenn man das Prinzip der über die Planungsperiode
hinweg konstanten Eigenkapitalverzinsung akzeptiert. Man sollte das im Controlling
tatsächlich tun. Ich habe den Eindruck, daß Luhmer auch schon eine Lösung für den
Fall stochastischer Zukunftserträge geboten hat. Er würde wohl mit *Sicherheits-
äquivalenten* arbeiten und den Periodengewinn bei positiver Renditeerwartung nicht
um den vollen zusätzlichen Periodencashflow erhöhen, sondern einen Teil des Gewinns
über entsprechend erhöhte Abschreibungen in die Zukunft verlagern.
9. Die Aufteilungsregel stellt die eigentliche Crux der Synthetischen Bilanz dar. Luhmer
sieht, daß die „ökonomische Bedeutung der Einzelwerte" seiner Aufteilungsregel „den
Garaus machen kann". Mit der Aufteilungsregel steht und fällt aber auch die Synthetische Bilanz. Ich habe möglicherweise auf diesen Pferdefuß der Synthetischen Bilanz
nicht nachdrücklich genug hingewiesen. Ich habe damals mit einer ganzen Reihe von
Aufteilungsregeln gearbeitet und bin immer wieder in Konflikt mit geltenden Bilanzie-
rungsregeln im Steuerrecht geraten. Im Controlling ist man von derartigen Rücksich-
ten frei. Man kann eine Aufteilungsregel entwickeln, die den Zwecken des Controlling
am besten entspricht. Ich bin überzeugt, daß sich die Aufteilungsregel von Luhmer
durchsetzen wird und damit die Synthetische Bilanz in der Tat die theoretische Basis
für ein am langfristigen Erfolg des Unternehmens orientiertes Controlling sein kann.

C. Erfolgsfaktorenforschung

Sehr fasziniert haben mich auch die Ausführungen von Lutz Hildebrandt. Sie stehen in
der langen Tradition der Erfolgsfaktorenforschung der Industrieökonomik, und sie behandeln ein Gebiet, dem das Interesse der Betriebswirte wie der Wettbewerbspolitiker
gleichermaßen gilt. Die anfängliche Motivation für den Aufbau von PIMS dürfte sicher
in der These gesehen werden, daß die Rentabilität der Unternehmen mit der Konzentration in einer Branche steigt. Dieser Nachweis bildet die Legitimation für das Vorgehen
der Wettbewerbspolitiker gegen die Monopolisierung von Märkten. Michael Porter hat
dann mit der nach ihm benannten Kurve darauf aufmerksam gemacht[8], daß die Gewinne bei kleinem wie bei großem Marktanteil hoch sind und der schärfste Wettbewerb
im weiten Oligopol stattfindet. Damit war die Rechtfertigung für die wettbewerbspolitische These vom funktionsfähigen Wettbewerb im weiten Oligopol geliefert.
    Lutz Hildebrandt ergänzt diese empirische Theorie um zwei wichtige Elemente. Er
führt erstens mit der Qualität Heterogenität der Produkte in der Branche ein und dyna-
misiert zweitens die Beziehung zwischen Rentabilität und Marktform. Während Michael
Porter wegen der Heterogenität der Produkte das Branchenkonzept um das Konzept der
Strategischen Gruppen ergänzte[9], führt Lutz Hildebrandt die Heterogenität direkt durch
die Qualität der Produkte in das Branchenkonzept ein.
    Besonders überraschend sind die Ergebnisse zum Einfluß von Qualitätsänderungen
auf die Rentabilität der Unternehmen. Unterstellt man, daß im engen Oligopol Preis-
wettbewerb ersetzt wird durch Qualitätswettbewerb, dann wird verständlich, daß eine
Erhöhung der Qualität der Produkte bei hohem Marktanteil (absolut und relativ) einen
stärkeren Einfluß auf die Rentabilität hat als ein niedrigerer Marktanteil. Wenn ich die

Ergebnisse richtig interpretiere, ist bei Geschäftseinheiten mit geringem Marktanteil der negative Effekt einer Qualitätserhöhung auf die Kosten stärker als der positive Effekt auf die Preise, während es bei hohem Marktanteil eher umgekehrt ist. Dies scheint mir die in der Mikrotheorie seit Abbot bekannte Theorie auf den Kopf zu stellen, die von der Existenz einer optimalen Qualität ausgeht.

Hildebrandts Ergebnisse scheinen eine Politik ständiger Qualitätsverbesserung zu rechtfertigen. Bei steigendem Marktanteil überwiegt zunächst der Kosteneffekt den Preiseffekt von Qualitätsverbesserungen und dann der Preiseffekt den Kosteneffekt. Ich werde darauf noch zurückkommen.

Lassen Sie mich auf die Ergebnisse zu sprechen kommen, die Lutz Hildebrandt für Veränderungen des Marktanteils erzielt. Daß eine Erhöhung des Marktanteils bei geringem Marktanteil stärker wirkt als bei hohem Marktanteil, überrascht auf den ersten Blick, wenn man von der Existenz der Porter-Kurve ausgeht. Ich habe bisher erst einmal Gelegenheit gehabt, die Porter-Kurve empirisch zu überprüfen, nämlich bei über hundert Präparaten auf dem Pharmamarkt[10]. Dort habe ich ihre Gültigkeit nicht nachweisen können. Läßt sich die Existenz der Porter-Kurve im Bereich hoher Marktanteile nicht nachweisen, so wird man dies als einen Beleg dafür nehmen dürfen, daß der Markt bestreitbar ist. Der potentielle Wettbewerb verhindert es, daß ein marktstarkes Unternehmen seine Preise mißbräuchlich überhöht ansetzen kann.

Ein zweites Ergebnis von Hildebrandt ist, daß der moderierte Effekt einer Veränderung des Marktanteils stärker auf die Rentabilität wirkt als der direkte Effekt. Solange der Kosteneffekt stärker als der Wettbewerbseffekt ist, erscheint dies plausibel. Das ist bei kleinem Marktanteil der Fall. Bei hohem Marktanteil dagegen ist dies nicht selbstverständlich.

Ich habe mich nach der betriebswirtschaftlichen Theorie gefragt, die hinter diesen empirischen Ergebnissen steht. Ich will im folgenden den Versuch machen, ein einfaches Erklärungsmodell darzustellen. Es muß allerdings von vornherein direkte und indirekte Effekte simultan erfassen.

Ich entwickele zunächst ein Modell des Zusammenhangs von ROI und Marktanteil bzw. Marktanteilsveränderung. Dabei gehe ich von der Annahme aus, daß der Kapitaleinsatz unabhängig von kleinen Veränderungen des Marktanteils ist. Dann gilt:

$$(2) \qquad ROI = \frac{G}{B}$$

mit ROI – Return on Invested Capital
    G   – Gewinn
    B   – eingesetztes Kapital (Bilanzsumme)

Wegen der Konstanz von B wird hier nur der Gewinn betrachtet

$$(3) \qquad G = E(MA) - K(MA)$$

mit

$$(4) \qquad E' > 0, \quad E'' < 0$$

$$(5) \qquad K' < 0$$

110

In (4) wird der wachsende Marktwiderstand gegen Monopolisierung zum Ausdruck gebracht. In (5) kommt die Fixkostendegression bei steigendem Marktanteil zum Ausdruck. Unterstellt man die Gültigkeit der Porter-Kurve und nimmt man an, daß sie für den Ertragsverlauf gilt, dann erhält man eine Ertragsfunktion in Abhängigkeit vom Marktanteil

(6) $\quad E(MA) = (MA - a)^2 + E_{MIN}$,

in der abweichend von (4) gilt

(4') $\quad E'' > 0; \quad E' \begin{Bmatrix} < 0 \\ > 0 \end{Bmatrix} \quad \text{für} \quad MA \begin{Bmatrix} < a \\ > a \end{Bmatrix}$

Daraus kann man ableiten, wenn man annimmt

(7) $\quad K(MA) = K_v + \bar{K}/MA$

(8) $\quad G' = 2\,MA - 2a + \bar{K}\,MA^{-2}$

mit $\bar{K}$ — Fixkosten

und $0 < a < 1$
$\quad\;\; 0 < MA < 1$

Aus (8) lassen sich die Effekte einer Veränderung des Marktanteils auf die Veränderung der ROI unmittelbar ablesen. Die Ergebnisse lauten:

1. Bei kleinem Marktanteil überwiegt der *Kostendegressionseffekt* den *Wettbewerbseffekt*.
2. Bei großem Marktanteil überwiegt der *Monopoleffekt* den *Kostendegressionseffekt*.
3. Kleine Unternehmen haben starke Incentives, aus ihren profitablen Nischen hinauszuwachsen.
4. Große Unternehmen haben keine Incentives, sich Preiskonkurrenz zur Ausnutzung weiterer Skaleneffekte zu machen. Die Annahme wirtschaftsfriedlichen Verhaltens im engen Oligopol ist berechtigt.

Ich füge jetzt zusätzlich die Qualität in das Modell ein. Es sollen die Annahmen gelten

(9) $\quad G = E(Q) - K(Q)$

mit

(10) $\quad E(Q)' > 0; \quad E(Q)'' < 0$

und

(11) $\quad K(Q)' > 0; \quad K(Q)'' > 0$

Für japanische Märkte würde ich übrigens (10) durch (10a) ersetzen

(10a) $\quad E(Q)' > 0; \quad E(Q)'' > 0$

Das ist der Fall reiner Qualitätskonkurrenz. Preiskonkurrenz ist in diesem Falle nicht effizient.

Wir bauen nun in (9) in das Modell (3) ein und nehmen an, daß Unternehmen mit kleinem Marktanteil die Qualität verbessern, um dem Wettbewerbseffekt zu entgehen

und den Fixkosteneffekt nutzen zu können. Das ist natürlich so lange sinnvoll, wie der Kosteneffekt einer Qualitätsverbesserung unter dem Differenzierungseffekt, also der Minderung des Wettbewerbseffekts, bleibt.

Wir erhalten dann die folgenden Ergebnisse:

5. Bei kleinem Marktanteil dominieren Differenzierungs- und Kostendegressionseffekt den Wettbewerbseffekt. Die Unternehmen wollen in höhere Komplexität hineinwachsen.
6. Bei großem Marktanteil überwiegt der Monopolisierungseffekt den Kostendegressionseffekt und den Differenzierungseffekt. Potentieller Wettbewerb begrenzt die Gewinne, erhöht jedoch nicht die Wettbewerbsintensität im engen Oligopol.
7. Wettbewerbspolitisch erwünscht ist folglich das weite heterogene Oligopol.

D. Operations Research und Strategische Planung

Das Papier von Karl Inderfurth mag auf den ersten Blick als ein in der Sache außerordentlich kompliziertes, in der methodischen Durchführung jedoch besonders gut strukturiertes und elegant gelöstes Problem des Operations Research erscheinen. Ich will versuchen, mit einigen Fragen deutlich zu machen, warum ich den Beitrag von Inderfurth für richtungweisend halte.

Diese Fragen hätte ich allerdings, das sei gestanden, nicht stellen können, wenn ich nicht den Wechsel von Bonn nach Berlin vollzogen hätte. An der Freien Universität vertrete ich gegenwärtig die Industriebetriebslehre. Bei der Vorbereitung der Vorlesungen anhand der neueren Literatur fielen mir bemerkenswerte Paradoxien auf. Während ich früher gelernt hatte, daß Kundenaufträge zu Betriebsaufträgen gebündelt werden sollten, um Größeneffekte zu erzielen und Rüstkosten zu vermeiden, mußte ich jetzt feststellen, daß Kundenaufräge sofort in die Produktion gegeben werden und mit kundenorientierten Planungs- und Steuerungssystemen durch die Fertigung geschleust werden[11]. Während ich früher gelernt hatte, daß alle vorhandenen Betriebsaufträge in die Fertigung gegeben werden und mittels job shop scheduling oder Netzwerkanalyse geprüft wird, ob dabei auch die Nebenbedingungen eventueller Liefertermine eingehalten werden, der Informationsfluß also an den Materialfluß gebunden ist (die Stückliste läuft mit dem Werkstück durch die Fertigungsstufen), mußte ich jetzt feststellen, daß der Informationsfluß in entgegengesetzter Richtung zum Materialfluß die Logistikkette durchläuft[12]. Während ich früher gelernt hatte, daß die optimale Losgröße sich aus der Andler-Formel bzw. ihren vielfältigen Varianten ergibt, stellte ich jetzt fest, daß die optimale Losgröße angeblich gleich 1 ist. Kurz: Das Operations Research stand plötzlich für mich auf dem Kopf. Wenn ich es recht verstanden habe, gibt der Ansatz von Inderfurth mir die Möglichkeit, das Operations Research wieder auf die Beine zu stellen.

Inderfurth untersucht zwei wichtige Phänomene der modernen Produktionsplanung:

1. Die Verteilung der Sicherheitsbestände innerhalb des Produktionssystems als ein Portfolioproblem.
2. Die Höhe der Sicherheitsbestände innerhalb des Produktionssystems als ein Problem der Lieferfähigkeit bei unsicherer Nachfrage.

In der Literatur zur flexiblen Produktionsplanung werden heute vielfach die folgenden Thesen vertreten:

1. Die Bestände sollten nicht verteilt, sondern nur am Ende der Wertzuwachskurve gehalten werden.
2. Die Bestände können in ihrer Höhe insgesamt drastisch reduziert werden, wenn man nur alle organisatorischen Schwachstellen im Produktionssystem beseitigt.

Diese Thesen stehen offenbar im Widerspruch zu den von Inderfurth abgeleiteten Ergebnissen, jedenfalls teilweise. Meiner Ansicht nach läßt sich das Modell von Inderfurth aber auch so verwenden, daß man aus ihm die Bedingungen abliest, unter denen die Thesen der flexiblen Produktionsplanung gelten. Es ist unmittelbar einsichtig, daß keine Sicherheitsbestände gehalten werden müßten, wenn die Lieferzeit auf Null reduziert werden kann.

Die erste These der flexiblen Produktionsplanung folgt unmittelbar aus dem Modell für $\lambda_K < \lambda_E$ und $\lambda_{K,E} \to 0$. In Inderfurths Modell ist dies offenbar nur durch steigende Kosten zu erreichen. Der Risikoeffekt wird durch den Kosteneffekt kompensiert. Zu fragen ist, ob dies zwingend so sein muß. Das folgende Diagramm zeigt die SB-Effizienzlinie von Inderfurth in einer etwas anderen Darstellung.

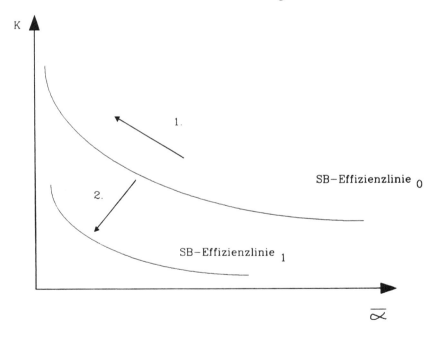

Eine Verringerung der Fehlmengenwahrscheinlichkeit $\bar{\alpha}$ ist, solange die SB-Effizienzlinie 0 gilt, nur durch eine Erhöhung der Kosten, und d.h.: der Sicherheitsbestände, zu erzielen. Dies ist durch den Pfeil 1 markiert. Unter dem Druck des globalen Wettbewerbs wird heute jedoch vielfach nach den Bedingungen gefragt, unter denen diese Kurve zum Koordinatenursprungspunkt gerückt werden kann. Das ist offenbar der Fall, wenn es gelingt, die Liefersicherheit durch Flexibilität der Produktionssysteme einschließlich der Zulieferer und nicht durch Vorhaltung von Sicherheitsbeständen zu gewährleisten.

Setzt man $\alpha = 1$ und SB^E, $SB^K = 0$ in Inderfurths Modell, dann erhält man die Anforderungen an das Produktionssystem, unter denen bei gegebener Varianz der Kundennachfrage keine Sicherheitsbestände gehalten zu werden brauchen. Ohne genaue Kenntnis der Formeln des Inderfurth-Modells im einzelnen kann ich nur die Vermutung äußern, daß die Bedingungen von dem Verhältnis Φ^E_σ und φ^K_σ abhängen. Das sind aber, wenn ich es recht verstehe, Maße für die Flexibilität der Produktionsstufen. Damit ist das Modell grundsätzlich geeignet zu untersuchen, wie sich Erhöhungen der Flexibilität und Verringerungen von Durchlaufzeiten der Aufträge auf das Risikomanagement in der Produktionslogistik auswirken. Das Inderfurth-Modell liefert die theoretische Basis für das Verständnis vieler neuerer Bücher über flexible Produktionsplanung, Computer Integrated Manufacturing und Just-in-Time-Produktion. Damit ist der theoretische Rahmen geschaffen, in dem die Strategien der modernen Produktionsplanung wie optimale Losgröße gleich 1, Kundenauftrag gleich Betriebsauftrag, Verschiebung der Wertzuwachskurve zum Liefertermin und andere mehr auf ihre Berechtigung überprüft werden können. Das ist meiner Ansicht nach ein wichtiges Feld des Operations Research und ein noch wenig bearbeitetes. Wilhelm Krelle hat vor einigen Jahren auf der Tagung der Deutschen Gesellschaft für Operations Research gefordert, das Operations Research müsse stärker als bisher einen Beitrag zur Strategischen Planung leisten[13]. Wenn ich recht sehe, hat uns Karl Inderfurth einen interessanten Weg aufgezeigt, wie das geschehen kann.

E. Hierarchische Planung

Der Beitrag von Klaus-Peter Kistner weckt vielfältige Erinnerungen, auch an gemeinsame wissenschaftliche Arbeit.

In den sechziger Jahren standen die Bemühungen, das Interdependenzproblem der betrieblichen Teilbereiche zu lösen, im Mittelpunkt der Forschung. Die neuen Optimierungsverfahren der Programmierung schienen das richtige methodische Werkzeug für die Lösung dieses Problems zu sein. Die Arbeiten lieferten Einsichten über die Zusammenhänge von Investitionen und Finanzierung, von Produktion und Absatz. An der Lösung des Problems der zeitlichen Interdependenz bissen wir uns die Zähne aus. Zur Lösung dieses Problems der Interdependenz von Produktion und Investition hat Klaus-Peter Kistner wesentliche Beiträge geleistet.

Mit der erfolgreichen Lösung dieser Probleme wuchs der Ehrgeiz in Theorie und Praxis. In der Theorie wurden Simultanmodelle aufgestellt, die alle betrieblichen Interdependenzen erfassen und optimal lösen wollten. Für mich war die Mannheimer Dissertation von Meyhak stets der Prototyp dieser Entwicklung. In der Paxis war die Deutsche Shell AG der Vorreiter. Mit dem Betriebsmodell, das mehrere tausend Variablen und Nebenbedingungen umfaßte, wurde das Steuerungsproblem der Raffinerien in Deutschland täglich gelöst. Diese Arbeiten sind mit dem Namen Bendix unvergeßlich verbunden.

In der Theorie wurde diese Forschungsrichtung Anfang der siebziger Jahre aufgegeben. Dafür war vor allem ausschlaggebend, daß immer mehr Suffixe nicht immer mehr

Einsichten in ökonomische Strukturen vermitteln. In der Praxis wurden diese Versuche aufgegeben, als die Umweltturbulenzen zu Beginn der siebziger Jahre den Änderungsdienst der Koeffizienten in den Modellen vor schier unlösbare Probleme stellte.

Zwei weitere Probleme kamen hinzu. In den Unternehmen der Stahlerzeugung bereitete die Integration von Jahres-, Vierteljahres-, Monats- und Wochen-Produktionsplänen mit ihren permanenten Planrevisionen erhebliche praktische Schwierigkeiten, die sich ungenügend durch lineare Programmierungsmodelle lösen ließen. Statt optimaler Lösungen wurden nun mit heuristischen Methoden bessere Lösungen gesucht. Wir haben an der Lösung solcher Probleme mitgearbeitet. Zum anderen wollten sich Werksleiter weiter einmal wöchentlich zu ihren Sitzungen treffen und sich nicht durch einen Computer in einer Stabsabteilung vorschreiben lassen, wie sie ihre Walzstraßen fahren sollten. Das Spannungsfeld von Werken und Zentrale bei der Optimierung von Produktionsprozessen ist in den Arbeiten von Lajos Telegty bei Phoenix Rhein-Rohr, den späteren Thyssen-Röhren-Werken, besonders deutlich zu Tage getreten.

Die Theorie schien einen Ausweg zu bieten, als Dantzig und Wolfe ihren Dekompositions-Algorithmus vorlegten. Dieses Rechenverfahren war eigentlich nichts anderes als eine effiziente Ausnutzung von Matrixstrukturen (vor allem der Blockstruktur von linearen Programmen) zur Reduzierung von Rechenzeiten. Es wurde aber alsbald aufgegriffen als ein Instrument zur dezentralen Planung. Bald jedoch erkannte man, daß man das Gesamtproblem lösen muß, wenn man den Abteilungen die richtigen Verrechnungspreise vorgeben will. Gerade das aber hatte man ja vermeiden wollen. Ich habe damals auf der Hannoveraner Tagung des Vereins für Socialpolitik (1966) auf das Problem des Cheating in solchen Modellen hingewiesen, ein Problem, das später von Jennergren eingehend untersucht wurde und das als opportunistisches Verhalten Eingang in die statische Principal-Agent-Theory gefunden hat.

Auch der Ansatz der Team-Theorie, der eine dezentrale Planung zwar nicht durch Vorgabe von Verrechnungspreisen wie bei der Dekomposition, sondern durch Vorgabe von Strategien und Informationen ermöglichen sollte, erwies sich als nur in den Grenzen des Solidaritätsaxioms tragfähig. Aber wenn alle Menschen in einer Organisation das Gleiche wollen, dann ist Organisation ein rein technisches Problem und keine Managementaufgabe.

Nun ist das Solidaritätsaxiom ja der Wirtschaftstheorie nicht fremd. Die Vorgabe von Sozialwahlfunktionen war zu jener Zeit in der Wohlfahrtstheorie gängig. Auch in der Betriebswirtschaftslehre hatte Gutenberg diese Annahme sanktioniert: um zu den Gesetzmäßigkeiten vorzustoßen, hatte er den „Schleier der Organisation" durch die Annahme weggezogen, daß die Menschen in der Organisation sich optimal im Sinne des Unternehmensziels verhalten. Diese Annahme wurde jedoch wissenschaftlich problematisch, als die Organisationstheorie unterschiedliche Ziele der Menschen, die im Unternehmen zusammenarbeiten, aufnahm.

Mit der Theorie der Gruppenentscheidungen versuchten in Deutschland vor allem Laux und Schauenberg der Tatsache beizukommen, daß ein Unternehmen kein Team, sondern eine Gemeinschaft im Sinne von Radner und Marschak, bzw. eine Koalition im Sinne von Cyert und March sind. Wir sind damals einen anderen Weg zur Lösung dieses Problems gegangen und haben an der Theorie der Optimierung bei mehrfacher Zielsetzung gearbeitet. Im Multi-Objective-Programming wird der Diskussionsprozeß in Gruppen in Algorithmen formal gefaßt, die die „optimalen" Gewichte der einzelnen Ziele im Entscheidungsprozeß des Unternehmens bestimmen. In Deutschland hatte Werner Dinkelbach einen Lösungsweg aufgezeigt. Günter Fandel hat sich in Bonn intensiv mit der Lösung des Solidaritätsproblems beschäftigt und neue Lösungen für die Optimierung bei mehrfacher Zielsetzung gefunden. Mit Jochen Wilhelm hat er sie auf den Fall der Unsicherheit ausgedehnt.

Beide Wege, die Theorie der Entscheidungen in Gruppen und des Multi-Objective-Programming, lösten das Problem von Gremien, nicht aber von Organisationen. Das Hierarchieproblem blieb ungelöst. Martin Beckmann packte es als erster formal im Rahmen seiner „Rank and Organizations" an. Aber wenn man es recht besieht, ist nicht ganz einsichtig, warum Instruktion hierarchisch und nicht kollegial ausgeübt werden müßte. Die Arbeitsteilung zwischen dispositiver und objektbezogener Arbeit impliziert nicht notwendigerweise Hierarchie und Macht. Die Principal-Agent-Theorie behandelt zwar das Problem der Hierarchie, denn der Principal macht das Vertragsangebot, aber sie stellt eine Form des Neo-Taylorismus dar, die für den Organisationstheoretiker ein Schritt rückwärts und insgesamt schwer erträglich ist – jedenfalls in ihrer statischen Form.

Demgegenüber ist die hierarchische Planung, mit der sich Klaus-Peter Kistner seit einiger Zeit beschäftigt und dessen Forschungsergebnisse auf diesem Gebiet in dieser Zeitschrift zum Teil erschienen sind, ein Schritt vorwärts. Der Reiz der hierarchischen Planung liegt meiner Ansicht nach darin, daß sie den Anspruch des Operations Research, optimale Lösungen zu finden, nicht aufgibt, diesen Anspruch aber einbettet in die Gegebenheiten hierarchischer Organisationen. Dabei ist die hierarchische Struktur zunächst eng an der formalen Matrixstruktur des Gesamtproblems orientiert. Auch bei der hierarchischen Planung geht es, wie bei Dekomposition, um die Ausnutzung der Blockstruktur betrieblicher Entscheidungsprobleme. Wegen der Rückkopplungsschleifen ist die Blockstruktur aber nicht vollkommen hierarchisch. Daher bedarf es der Koordination. Daraus folgen zwei Grundprinzipien, die Kistner in seinem Vortrag sehr klar herausgearbeitet hat: die Hierarchisierung und die Koordination als Aufgaben des Management.

Hierarchisierung bedeutet Schnittstellenplanung. Je mehr es gelingt, die Blockstruktur betrieblicher Planungsprobleme zu erkennen, umso weniger Schnittstellen wird es im Unternehmen geben. Management bedeutet daher zunächst und vor allem: Minimierung von Schnittstellen im Unternehmen.

Koordination bedeutet Lösung der verbleibenden Rückkopplungsprobleme. Hier zeigt Kistner vier Koordinationsmechanismen auf, die in die hierarchische Planung eingebaut werden können. Sieht man einmal von den Mechanismen „Vorgaben" und „Abstimmung" ab, weil sie letztlich das Problem der Hierarchie in Organisationen negieren[14], dann bleiben zwei Koordinationsmechanismen, nämlich Schlupf und die Verrechnungspreise. Beide sind imminent organisationstheoretische Begriffe. Der Begriff des Organizational Slack selbst beschreibt eine lange dogmenhistorische hochinteressante Zeit von der ersten Erwähnung bei March und Simon bis zu den Arbeiten von Reese, der diesem Phänomen ein ganzes Buch gewidmet hat. Und die Theorie der Verrechnungspreise spielt seit Schmalenbach in der Betriebswirtschaftslehre eine zentrale Rolle. Klaus-Peter Kistner erinnert an die Arbeiten, die wir in Bonn auf diesem Gebiet durchgeführt haben.

Im Rahmen der hierarchischen Planung erscheinen Slack und Verrechnungspreise als Ansatzpunkte des Management, wie es die Anzahl der Schnittstellen minimieren und die

Komplexität des Schnittstellenmanagement reduzieren kann. Je größer der Slack, umso weniger Rückkopplungsschleifen gibt es, umso klarer kommt die Hierarchie als Instrument der Komplexitätsreduktion zum Tragen. Verrechnungspreise verringern nicht die Zahl der Schnittstellen, schieben aber das Management der Schnittstellen von der „sichtbaren Hand des Management" auf die „unsichtbare Hand des Marktes", dem sich die Verrechnungspreise entweder durch Übernahme von Marktpreisen oder durch Verhandlungen zwischen den unmittelbar Betroffenen im Unternehmen ergeben. Verrechnungspreise sind Preissignale. Aus der Team-Theorie wissen wir, daß Preissignale letztlich ein anderer Ausdruck für Organizational Slack sind.

Klaus-Peter Kistner zeigt hier auf, daß das Schnittstellenmanagement mit zwei bekannten Operations Research-Verfahren arbeiten kann: mit dem Chance Constraint Programming-Ansatz und mit der Warteschlangentheorie. Beide Verfahren dienen dazu, optimale Sicherheitsbestände (z. B. an Liquidität, wie Schüler in einem gemeinsamen Aufsatz mit Hilfe des Chance Constraint Programming-Ansatz gezeigt hat, bzw. an Kasse, wie Kistner in einem Aufsatz nachgewiesen hat) zu berechnen. Überraschend an den hier präsentierten Ergebnissen von Kistner war für mich, daß ein so kompliziertes Netzwerk, wie es Kistner in Abbildung 5 präsentiert, als ein (M/M/n)-Netzwerk beschrieben werden könnte. Hier werden Erinnerungen an die intensiven Bemühungen wach, derartige Netzwerke zu lösen, weil sie, wie seiner Zeit Kistner, K. H. D. Meyer und Reinhard Schmidt gezeigt haben, immer wieder auf (G/G/n)-Netzwerke hinausliefen, deren Strukturen sich letztlich nur durch Simulation erschließen ließen. Hier besteht Diskussionsbedarf.

Klaus-Peter Kistner hat mit mit diesem Aufsatz eine besondere Freude gemacht: Operations Research-Modelle erscheinen hier als Module von Heuristiken. In einer Zeit, in der Heuristik in der Betriebswirtschaftslehre wieder sehr viel größer geschrieben wird als Optimierung, tut es gut, wenn daran erinnert wird, daß sich die Betriebswirtschaftslehre um optimale Lösungen zu bemühen hat. Nun ist, und damit bin ich bei unserem Ausgangspunkt, nicht stets präzise zu bestimmen, was denn das Optimum für ein ganzes Unternehmen ist. Aber diese Erkenntnis heißt nicht, auch auf partielle Optima zu verzichten! Kistner zeigt, wie die Bestimmung von Partialoptima im Rahmen einer hierarchischen Planung sinnvoll in das Management von Unternehmen integriert werden kann.

F. Schluß

Ich danke der Fakultät für die Ausrichtung dieses Festkolloquiums und den Referenten für höchst anregende Vorträge.

Anmerkungen

1 Albach, H.: Gutachten über die bilanzielle Behandlung des Abraums bei der Rheinische Braunkohlenwerke Aktiengesellschaft, Bad Godesberg, Februar 1966; ders.: Gutachten über die bilanzielle Behandlung des Grubenaufschlusses bei der Rheinische Braunkohlenwerke Aktiengesellschaft, Bad Godesberg, April 1966

2 Albach, H.: Zur Bewertung von Wirtschaftsgütern mit dem Teilwert, in: Die Wirtschaftsprüfung 16 (1963) 23, S. 624–631
Albach, H.: Die Bilanzierung von Rückstellungen in der Ertragsteuerbilanz, in: Steuerberater-Jahrbuch 1967/68, Köln 1968, S. 305–358

3 Albach, H.; Risse, H.: Keine Rückstellung für künftige Ausgleichsansprüche von Handelsvertretern, in: Der Betriebsberater, 25 (1970), 1, S. 27–31

4 Albach, H.: Steuerliche Probleme der Abgrenzung von Anlagevermögen und Umlaufvermögen, in: Steuerberater-Jahrbuch 1973/74, S. 265 ff.

5 Terborgh, George: Dynamic Equipment Policy, New York, 1949

6 Albach, H.: Die degressive Abschreibung – Ist die degressive Abschreibung eine nach betriebswirtschaftlichen Grundsätzen notwendige Abschreibung?, Wiesbaden 1967

7 Honko, Jaakko: Über einige Probleme bei der Ermittlung des Jahresgewinns der Unternehmung, in: Albach, H. (Hrsg.): Meilensteine der Betriebswirtschaftslehre. 60 Jahre Zeitschrift für Betriebswirtschaft, Wiesbaden 1991, S. 333–364

8 Porter, Michael: Wettbewerbsstrategie, Frankfurt 1983

9 siehe dazu: Bauer, Hans H.: Unternehmensstrategie und Strategische Gruppen, in: Kistner, K.-P.; Schmidt, R. (Hrsg.): Unternehmensdynamik: Horst Albach zum 60. Geburtstag, Wiesbaden 1991

10 Albach, H.: Gewinn und gerechter Preis – Überlegungen zur Preisbildung in der pharmazeutischen Industrie, in: ZfB 57, 1987, S. 816–824

11 Vgl. z. B. Fandel, G. und Zäpfel G. (Hrsg.): Modern Production Concepts, Theory und Applications, Berlin u. a., 1990

12 Wildemann, H.: Das Just-in-time-Konzept, Produktion und Zulieferung auf Abruf, Frankfurt 1988

13 Krelle, W.: Operations Research – Rückblick und einige Gedanken zur Weiterentwicklung, in: Isermann/Merle/Rieder/Schmidt/Streitferdt (Hrsg.): Operations Research Proceedings, Papers of the 15th anniversary meeting of DGOR, Berlin, Heidelberg 1987

14 Vorgaben reduzieren das Problem auf ein „Ein-Entscheider-Problem", Abstimmungsverfahren reduzieren das Problem auf ein „Team-Problem", denn sie setzen voraus, daß nach getroffener Gruppenentscheidung sich alle solidarisch an die Gruppenentscheidung halten.

Zusammenfassung

Der Aufsatz nimmt zu den Aufsätzen in diesem Heft, die anläßlich eines wissenschaftlichen Kolloquiums in Bielefeld vorgetragen wurden, Stellung. Er geht auf die Entwicklungsgeschichte der Synthetischen Bilanz ein. Er nimmt zu den Ergebnissen der Heterogenitätsuntersuchung von Produkten mit Daten der PIMS-Datenbank aus theoretischer Sicht Stellung. Er versucht, die Verbindung zwischen dem OR-Modell der Verteilung von Zwischenlägern im Mehrproduktunternehmen bei unsicherer Nachfrage und den konzeptuellen Arbeiten der modernen Produktionsplanung der Wertschöpfungskette herzustellen. Der Beitrag versucht, die Bedeutung der hierarchischen Produktionsplanung aus der langen Liste von Holzwegen zur optimalen Lösung von umfangreichen dynamischen Problemen der Produktionsplanung abzuleiten.

Summary

The paper discusses the papers in this issue of ZfB. The papers were given at a conference in Bielefeld, and the comments were made as an opening statement for discussion. The paper describes the origins of the theory of the "synthetic financial reports". It underscores the importance of the empirical analysis of heterogeneous products with the PIMS data bank by setting it in the framework of a simple analytical model. Inderfurth's model of the optimal distribution of inventories of unfinished products in the value chain is analyzed against the background of "Modern Concepts of Production Planning". The paper discusses Kistner's "Hierarchical Production Planning" in the context of the many attempts to cope with the complexity of production planning problems in multi-product plants in a dynamic framework. While these attempts have failed, the hierarchical approach holds promise.

Stichwortverzeichnis